EL ESPACIO INTERIOR

Maureen Garth

EL ESPACIO INTERIOR

Meditaciones para todas las edades, de los 9 a los 99 años

Traducido por Núria Martí

zenith

Título original: *Inner Space*

Publicado originalmente en inglés en Sidney, Australia, por HarperCollins Publishers, Australia Pty Limited en 1995
La edición española se publica por acuerdo con HarperCollins Publishing Australia, Pty Limited

Zenith es un sello editorial de Editorial Planeta, S.A.
Avda. Diagonal, 662-664, 08034 Barcelona (España)
www.zenitheditorial.com
www.planetadelibros.com

Primera edición publicada por Ediciones Oniro: octubre de 2000
Primera edición en esta presentación: octubre de 2024

Depósito legal: B. 13.853-2024
ISBN: 978-84-08-29183-1

Printed in Spain – Impreso en España

PEFC Certificado
Este libro procede de bosques gestionados de forma sostenible
PEFC
PEFC/14-38-00305
www.pefc.es

Para
Eleanor.

Dedicado a la luz
y belleza de su alma.

Índice

Introducción

La meditación nos proporciona una paz y serenidad que quizá no hayamos experimentado antes en nuestra vida, nuestros pensamientos o nuestro ser. En el frenético estilo de vida actual, es importante dedicarnos un poco de tiempo para poder alimentar el espíritu. En nuestro corazón hay algo que olvidamos mientras intentamos mantener el ritmo de los demás. Seguramente notemos que estamos llevando un ritmo que no nos conviene ni sustenta nuestras necesidades interiores. La meditación significa dedicar un poco de tiempo a uno mismo, meditar en silencio para sintonizar con los sentimientos de paz, armonía y bienestar. Todos necesitamos tener más paz y silencio en nuestro interior y sentir que espiritualmente somos lo suficientemente fuertes para afrontar lo que la vida nos depara.

Este libro está escrito principalmente para los jóvenes, ya que son quienes más lo necesitan. En su búsqueda de una vida mejor deberán afrontar y superar muchas dificultades, y eso les causará mucho estrés. Sin embargo, todo el mundo, al margen de la edad que tenga, puede beneficiarse del contenido de esta obra. Estas meditaciones pueden utilizarlas en cualquier aspecto de su vida las personas que deseen ser creativas, superar los obstáculos, obtener una mejor perspectiva, desarrollar la creatividad, ser flexibles y capaces de perdonar, apuntar alto, disfrutar de abundancia, o alcanzar en la vida lo que realmente les pertenece.

Por qué debes meditar

Sea cual sea la actividad o el aprendizaje que estés llevando a cabo en la actualidad, puede ser estresante. Hoy en día la educación es muy distinta de la que recibieron tus padres. Es más compleja y la vida es más difícil que cuando eran niños y asistían a la escuela.

Ahora, en el parvulario, a los niños se les enseña ya a usar el ordenador; deben estudiar una serie de materias mucho más extensa que en el pasado, y cada vez resulta más difícil alcanzar los niveles más elevados, a causa de la actual y encarnizada competición. Cuando abandones tu plaza de estudiante es muy posible que sientas una gran incertidumbre acerca de qué deseas hacer con tu vida y de si podrás acceder a la carrera elegida.

La meditación puede ayudarte a crear los escenarios para alcanzar las metas que te hayas propuesto en la vida. Por ejemplo, si te falta poco para hacer un examen, puedes entrar en un estado de meditación y viajar con la imaginación al aula en la que habrás de examinarte, viendo la mesa que usarás, la silla en la que te sentarás y los bolígrafos y lápices con los que escribirás. Podrás ver cómo tu mano, sosteniendo el bolígrafo, vuela por la página contestando correctamente cada pregunta y rellenando con facilidad la hoja del examen.

A través de la meditación y la visualización podrás verte presentándote para un puesto de trabajo, sintiendo una sensación muy positiva sobre ti mismo y tus capacidades y viendo cómo te aceptan.

Aunque parezca muy sencillo, funciona. Todo cuanto sientas en tu mente, sea positivo o negativo, se manifestará de la manera que lo hayas imaginado o programado.

Si sólo ves los aspectos negativos, advertirás que todo lo que haces se tiñe con esa negatividad y que no logras alcanzar lo que deseabas.

A menudo oirás decir a la gente: «Es que yo no sirvo para esto» o «Estoy seguro que suspenderé mis exámenes». El mero hecho de decir «No soy bueno» o «Suspenderé» indica que la mente acepta que estas cosas son adecuadas para ti y, por tanto, lo que te ocurra será como si lo hubieras deseado. A menudo la persona que hace este tipo de afirmaciones espera en el fondo de su corazón que alguien le confirme que puede llegar a realizarlo y alcanzarlo, pero en realidad es ella la que debería confiar en sí misma.

Una actitud positiva, acompañada de perseverancia y deseo de triunfar, producirá unos resultados que te sorprenderán. Si adoptas la actitud, la perseverancia y el deseo de triunfar y lo utilizas en tu estado meditativo visualizando que tus expectativas se cumplen a la perfección, estarás instalando en tu interior la capacidad de manifestar lo mejor que hay en ti.

Tú tienes, igual que un árbol, fuerza interior. Si tus raíces están firmes y seguras, esta fuerza interior fluirá en todas las áreas de tu vida. Pero esta fuerza interior nadie puede dártela. La adquieres con los continuos retos que te plantea la vida o es algo que siempre has tenido.

Crecer, madurar, cambiar significa que muchos aspectos de ti mismo cambian aunque a veces sean partes olvidadas, partes que habíamos añorado del niño que todos llevamos dentro. Pero ese niño vivirá siempre en nuestro interior. Descubrirás que hay muchos aspectos de ti que han sobrevivido y que siguen influyendo en tu vida a medida que cambias y creces.

La meditación no es algo nuevo. Ya hace siglos que la gente la practica en muchas culturas diferentes. Se meditaba en las iglesias, en los templos budistas, los ashrams, las mezquitas, las sinagogas, en los hogares o cuando alguien mantenía una profunda comunicación con la naturaleza. Aunque cada una de las tradiciones importantes tenga una distinta manera de meditar, todo se reduce a saber dirigir la mirada a nuestro interior y sintonizarnos con nuestro ser y con la naturaleza. Algunas personas prefieren meditar con un mantra, un sonido, una música suave, o una oración. Y hay otras que sólo necesitan el silencio para ello.

La meditación te proporciona un sosiego y una serenidad de los que probablemente carecerías si vivieras tu existencia sin practicarla. Estas cualidades pueden aportarte paz y una sensación de pertenecer al universo, de ser una unidad con todo cuanto existe.

La meditación puede ayudarte a conocer mejor a las personas y sus necesidades, a ser más tolerante con los defectos de los demás y más comprensivo con tus propios defectos.

La imaginación y la visualización

La mayoría de las personas parecen meditar con más facilidad si se les ofrece un proceso que las anime a visualizar, a usar su imaginación.

Algunas quizá crean que imaginar o «fantasear» es una manera poco realista de pasar el tiempo. Pero no se dan cuenta de que imaginar es una forma de meditar. La imaginación es creativa. Sin ella no podrían escribirse libros, ni pintarse pinturas. Las personas que crean arte o son pioneras en el mundo de la industria, las que escalan montañas, utilizan su imaginación para crear pensamientos, ideas e imágenes y después hacerlos realidad. Meditan a menudo, consciente o inconscientemente, y durante el estado meditativo dan forma a sus imágenes.

Visualizar no es lo mismo que imaginar. La visualización significa dar a los pensamientos y a las imágenes una forma más concreta para poder trabajar activamente con las imágenes. Al meditar de ese modo, creamos una escena o imagen en nuestro interior con la que podemos trabajar para beneficiar nuestra vida cotidiana.

Y si creemos suficientemente en ello, lo que estamos visualizando podrá llegar a realizarse en la vida real. Nuestro fantasear no será una pérdida de tiempo, sino algo constructivo. Mientras dejamos volar la fantasía puede fluir nuestra creatividad. Nuestros pensamientos pueden vagar desde nuestra limitada manera de pensar actual a otra forma más relajada y desarrollada de ver lo que queremos en la vida. Lo que estamos haciendo no es limitar la mente con unas directrices o fronteras que pueden ser restrictivas, sino trabajar con ella. Cuando meditamos no es necesario limitarnos a nosotros mismos.

Creo que podemos usar la meditación para visualizar lo que necesitamos en la vida, bien sea fuerza, saber amar la vida o a los demás, un entorno más feliz, más aptitudes para estudiar, un mejor lugar de trabajo o una mejor salud. Al meditar vamos a una parte interior de nosotros en la que, al sentarnos a meditar en silencio, la respiración se sosiega, el corazón se calma y encontramos respuestas a nuestros problemas.

La meditación significa dirigir la mirada hacia dentro, para escuchar nuestro yo más elevado o interno, en cambio la visualización consiste en utilizar imágenes mentales en el estado meditativo para crear lo que necesitamos en la vida.

A veces no obtenemos lo que creemos desear porque no lo hemos visualizado con la suficiente fuerza o porque en algún nivel profundo de nuestro ser sabemos que no nos conviene.

Seguramente recordarás que cuando eras pequeño podías «ir» a un mundo diferente que sólo te pertenecía a ti y al que nadie más podía entrar. Quizá no eras capaz de concentrarte por largo tiempo, pero podías hacerlo intensamente durante breves momentos. Puede que te quedases absorto viendo cómo una abeja polinizaba una flor o cómo una hormiga acarreaba algo mucho mayor que ella, o quizá tu mente simplemente vagase, llena de extrañas imágenes. Este estado de ensoñación se parece mucho a la meditación.

La diferencia entre fantasear y meditar es que en el primer caso tu mente vaga y en el segundo la usas constructivamente.

Cuando fantaseamos surgen en nuestra mente todo tipo de pensamientos e imágenes. Podemos observar una flor y apreciar el color y la textura de sus pétalos, la diminuta hormiga subiendo por su tallo y la fuerza de la hoja.

Al meditar podemos ver con nuestra mirada interior la flor, el pétalo, la hormiga y la hoja, pero también podemos ir más allá de todo esto. Podemos sentirnos como si fuéramos la flor, la hormiga, la hoja y el pétalo. Podemos sentir también cómo las raíces de la mata penetran profundamente en la tierra y se nutren de la humedad que contiene.

La meditación puede alejarnos de algunas partes superficiales de nosotros mismos y conducirnos hacia aquellas áreas que necesitamos alimentar. Una vez en ellas podremos ayudarnos y crecer de manera distinta en un proceso que se reflejará positivamente en nuestra vida personal.

Nuestros recursos interiores

Todos necesitamos un lugar donde poder sentirnos seguros, centrados y conectados a los demás. A menudo vagamos por la tierra, hablando en sentido figurado, buscando todas estas cosas y no podemos conseguirlas porque las buscamos en lugares equivocados. Necesitamos observar nuestro interior.

Buscar las respuestas en el exterior no funciona, ya que seguimos persiguiéndolas como si quisiéramos atrapar un arco iris, y siguen eludiéndonos. Si nos diéramos cuenta de que la clave está en nuestro interior, sabríamos que todo cuanto necesitamos hacer es dirigir allí la atención.

Y esto es lo que la meditación hace. Nos permite observar nuestro interior, buscar, pensar, encontrar y reflexionar. Le permite a nuestra mente vagar, ser flexible y libre.

A través de la meditación podemos contemplar nuestros objetivos. A veces quizá sintamos que no podemos concretar algunos de ellos y que somos incapaces de saber cómo llevarlos a cabo en un contexto positivo. Pero al sentarnos en silencio, al introducirnos en nuestro jardín mental, podremos a menudo definir qué hacer y cómo efectuarlo.

Todas mis meditaciones ocurren en un jardín encantador. No es un jardín exterior, sino interior, está dentro de cada uno de nosotros y es muy fácil entrar en él. Es como ir a un lugar que sólo te pertenece a ti. Cuando cierras la verja a tu espalda, entras en el jardín y percibes su serena atmósfera. Allí nada puede dañarte, todos los seres que lo habitan conviven pacíficamente, incluso los animales; además nada muere en él, porque allí la muerte no existe.

La paz y serenidad que encontrarás en tu jardín se reflejará en el mundo exterior y te permitirá sentirte bien contigo mismo y a gusto con cuanto te rodea.

Ya durante los primeros años de nuestra vida sentimos la necesidad de conectar con nuestros recursos interiores, y uno de ellos podría ser la meditación. Si desde los primeros años nos habituamos a la disciplina de la meditación, estaremos estableciendo una práctica que nos permitirá vivir nuestra existencia confiando en nuestra sabiduría y en nosotros mismos.

Cuando trabajamos con nuestros recursos interiores, podemos cambiar los hábitos de años. Algunos pueden estar formados por el convencimiento de que no somos lo suficientemente buenos, brillantes o populares y que no podemos alcanzar lo que deseamos. La autoestima o valía personal puede encontrarse en cualquiera de los dos extremos de la escala y ser o bien demasiado baja o excesivamente alta. En el segundo caso, quizá lo hagamos para compensar cualquier carencia en otra área, y de ser así, habremos de tenerlo en cuenta. Y si es demasiado baja, necesitaremos intentar ver cómo mejorarla para poder tener una buena imagen de nosotros mismos.

A lo largo de nuestros años de formación hemos realizado este proceso interior, siendo conscientes o no de ello. Lo que nuestros padres, maestros y amigos nos decían lo fuimos almacenando como un ordenador. También «introdujimos» en él lo que creíamos ser en oposición a lo que los demás nos decían que éramos.

Si consideras tu sistema como un conjunto de cables imaginándote que en cada uno hay una palabra escrita, seguramente descubrirás que todos esos cables, notas o mensajes están dándote una información conflictiva sobre lo que eres, lo que puedes alcanzar y la dirección que debes tomar.

Algunos de estos mensajes quizá te afirmen que eres alto, atractivo, un buen amigo, inteligente o un buen conversador. Otros pueden decir: «Oh sí, pero comparado con los demás me siento pequeño, poco inteligente, a veces me cuesta comunicarme, dudo de mi propia inteligencia».

Hay otros mensajes conflictivos, algunos de ellos pueden estar relacionados con la valía personal. Quizá te menosprecies verbalmente o dejes que los demás lo hagan. Tu ordenador interior a veces está sobrecargado y no puede afrontar la cantidad de información conflictiva que se le ha introducido.

Tu mente es la posesión más valiosa de que dispones. Tu manera de pensar es lo que determina quién eres. Necesitas descubrir una manera de verte a ti mismo que sea positiva y crear buenos hábitos de cara al futuro. Si vagas por la vida sin un objetivo ni un propósito, lo más probable es que te ocurran muy pocas cosas. Pero si utilizas tu mente para aquello que necesitas hacer para que tu vida pueda ser más completa y viable, obtendrás resultados asombrosos.

La mente es una herramienta para ser utilizada y no sólo hay una manera sino muchas de sacar el mejor partido de ella.

Estudiar con diligencia es dedicarte a los libros durante horas asimilando su conocimiento. Pero hay también otro modo de hacerlo que puede serte más útil. Si meditas al menos una vez al día, durante cerca de veinte minutos, entrarás a un nivel distinto al del estudio corriente. Si meditas en lo que estás estudiando, podrás conseguir un nivel más alto de precisión y lo aprenderás mejor.

Cuando tengas un objetivo en el que trabajar, es muy provechoso que te prepares meditando en silencio durante un rato cada día trabajando en él.

Como la mente está receptiva y atenta, utilizará las imágenes que le des. Si te visualizas a ti mismo estudiando con interés y triunfando, seguro que se cumplirá. Pero si visualizas que fracasas, no cabe duda de que así será.

Aunque nadie quiere verse fracasando, a veces una persona no tiene bastante confianza y seguridad en sí misma. En ese caso es como si nuestro objetivo disminuyera y aceptáramos que está por debajo de nuestro ideal.

Las opiniones y las ideas pueden florecer o morir, depende de la importancia que les demos en nuestra vida. Sin embargo, hay algunas opiniones que debemos incorporar a nuestro conjunto de ideas, por ejemplo, quiénes y qué somos, así como la importancia que tenemos para nosotros mismos y para los demás. Si pensamos que no tenemos ninguna importancia, nos volveremos anodinos, ya que ello es lo que creemos. Pero si pensamos que somos valiosos, lo seremos, y sentiremos la necesidad de aumentar nuestra autoestima para que se vaya fortaleciendo cada vez más, hasta hacerla totalmente nuestra.

Desarrollar la creatividad

Si deseas desarrollar tu creatividad de alguna forma, intenta verte realizando lo que te propones hacer y alcanzando el resultado deseado. Si tu meta es pintar, intenta ver los pinceles en tu mano y la pintura apareciendo en el lienzo. La transformación de los colores al irlos combinando; intenta ver cómo transfieres el paisaje de la naturaleza que tienes ante ti sobre el lienzo.

Si tu creatividad se manifiesta a través de la música, imagínate a ti mismo tocando el instrumento elegido, escuchando la música que emite. Intenta verte componiendo la música y quizá también interpretándola.

Podemos disfrutar de la creatividad de los demás visitando las galerías de arte, acudiendo a teatros y restaurantes, comprando bellos vestidos y contemplando el universo y lo que la naturaleza ha formado para nosotros.

La creatividad se manifiesta de muchas maneras distintas y no se limita a ningún area. Puede relacionarse con la pintura o el dibujo, o tal vez no con una manera reconocida de realizarlo sino con una exclusivamente tuya. Puedes verte cocinando platos con tu propio estilo, escribiendo, bailando, cosiendo, patinando sobre hielo, esculpiendo, haciendo sombreros, cerámica o escribiendo programas para ordenadores. Cuando aceptas que eres creativo, tu creatividad es ilimitada.

Sea cual sea la manera de manifestar tu creatividad, estimúlala a crecer trabajando con ella mientras meditas.

La meditación y el estudio van de la mano. La meditación mejora los procesos del estudio, permitiéndote alcanzar lo que deseas. En un estado meditativo puedes establecer metas y alcanzar pináculos que habías considerado hasta entonces inalcanzables.

En todos nosotros existe una parte creativa que necesita ser desarrollada para poder manifestarse y flocecer. Percibe la creatividad fluyendo por tus venas como una lava, recorriendo tu cuerpo, conéctate con ella para que pueda manifestarte. No digas que no eres creativo, intenta descubrir qué es lo que te gusta hacer y considéralo una forma de ser creativo.

La creatividad se manifiesta de muy diferentes maneras y cada una de ellas necesita un canal de expresión. Piensa de qué modo puedes expresar mejor tu creatividad y deja que florezca tu propio sentido de originalidad.

He utilizado el estado meditativo para manifestar en mi vida aquello que intuía que necesitaba. Unas veces necesito muy poco, y otras pido que se cumplan mis necesidades más importantes, y siempre lo consigo. Pero esto no significa que me haya quedado de brazos cruzados esperando a que se cumplieran, sino que me he esforzado activamente para alcanzar un objetivo. Al mismo tiempo, he trabajado también a nivel meditativo para visualizar el objetivo, ver cómo se cumplía y manifestarlo en mi vida.

Cómo utilizar las meditaciones de este libro

El cerebro funciona a diferentes niveles de la conciencia. Estos niveles se denominan beta, alfa, theta y delta. Beta es el nivel de conciencia normal, el que utilizamos en nuestra vida cotidiana. Cuando entramos en un estado meditativo nos sumimos en alfa, el estado que nos permite crear escenas e imágenes en la pantalla de nuestra mente. A medida que el estado meditativo se vuelve más profundo, podemos alcanzar el nivel theta. Delta es el nivel del sueño. La mayor parte de nosotros trabajamos muy bien en el nivel alfa y salimos de él sintiéndonos frescos y renovados.

Depende de cada persona decidir cuánto tiempo dedica a meditar. Si sólo dispones de cinco o diez minutos, será suficiente. No obstante, para sacar el máximo provecho es mejor meditar durante veinte minutos, porque la meditación promueve la serenidad, relaja las tensiones y calma la ansiedad al enseñarnos a no apegarnos a nuestros problemas. Esto no quiere decir que vayan a desaparecer, pero la meditación puede serte beneficiosa en cuanto a la manera de afrontarlos. A veces la solución llega cuando dedicas unos momentos a sentarte a meditar en silencio.

Las meditaciones de este libro no son sólo imágenes agradables, sino herramientas positivas que pueden usarse para:

- disipar temores;
- adoptar una actitud positiva;
- resolver problemas.

Quizá algunas de tus actitudes se hayan vuelto negativas por carecer de una dirección en tu vida o resultarte dificultoso expresar tus sentimientos y pensamientos más íntimos. Quizá las cosas te parezcan más difíciles de lo que en realidad son, pero tener una nueva perspectiva de los problemas hará que puedas solucionarlos con mayor facilidad.

Todas las meditaciones son de una gran riqueza visual y tienen lugar en tu jardín personal, en el que nada puede dañarte y donde hay paz y tranquilidad. Puedes sentir el calor del sol acariciándote; ver crecer las flores y la hierba. Te abres a cada experiencia, que es distinta cada vez que entras en estado meditativo. Tu jardín está dentro de ti y siempre puedes entrar en él.

Cada meditación es distinta y no debe limitarte de ninguna manera. Permítete fluir con las meditaciones, entrar en ellas y disfrutar cuando las realices. Haz que cada experiencia sea nueva y deja que la paz y la tranquilidad fluya en ti durante todo el día, cada día.

En «La montaña y las cuevas» (véase p. 93) descubrirás que cuanto más alto subas más libre te sentirás en tus pensamientos y actitudes. El hecho de entrar en las cuevas te permite observar tus logros y también tus miedos.

«Los espejos» (véase p. 102) te permite mirar en una serie de espejos y verte tal como eres, como los demás te ven y, además, de la manera que te gustaría verte.

La época en que estás a punto de hacer un examen, contestar preguntas, o acudir a una entrevista de trabajo, puede ser muy estresante y causarte mucho miedo. ¿Soy lo bastante bueno? ¿Recordaré todo lo que he aprendido? En «Aprobando los exámenes» (véase p. 88) encontrarás una fórmula positiva que puede serte de gran utilidad para afrontar este tipo de situaciones.

He escrito lo que llamo el «Preludio de la estrella» (véase p. 29) como una preparación para entrar en el jardín en el que tienen lugar todas mis meditaciones. Te he pedido que al sentarte a meditar, te imagines sobre la cabeza una estrella derramando su luz por todo tu cuerpo hasta que te sientas inundado por ella. También hay un árbol de los problemas que es importante porque te ayuda a entrar en la meditación con una mente clara. Quizá tardes un poco en utilizar realmente todas las ventajas del árbol, pero lo cierto es que funciona muy bien.

También es beneficioso que abras tu corazón y lo llenes de amor, porque todos necesitamos aprender a amar con generosidad y abiertamente sin pedir amor a cambio. Es decir, con un amor incondicional. Cuando practico estas meditaciones con niños pequeños, siempre les pido que se sientan envueltos por las alas de un ángel. Tú también puedes hacerlo, o imaginar que junto a ti hay una persona sabia o un protector. Todos necesitamos seguridad, al margen de la edad que tengamos. Al salir del jardín, envuélvete en un manto dorado y envía tu energía al universo para que pueda ser utilizada para el más elevado y mejor fin.

Como ya he indicado, todas mis meditaciones tienen lugar en un encantador jardín en el que nada puede lastimarte. No se trata de un jardín externo, sino que se halla dentro de cada uno de nosotros. Es un lugar en el que sólo tú puedes entrar. Cuando cierras la verja a tu espalda, penetras en aquel jardín y sientes su serena atmósfera.

Una vez cerrada la verja puedes elegir cualquiera de las meditaciones de este libro o inspirarte en las imágenes de tu mente. Así es como a mí me funciona: ves una cosa y ésta te conduce a otra; o tomas el tema de una de las meditaciones y lo desarrollas a tu manera.

Las meditaciones son muy sencillas. Puedes empezar sentándote en silencio a solas o con un grupo de personas. Es mejor sentarte en una silla de respaldo recto, porque si es demasiado cómoda tenderás a quedarte dormido. Intenta ponerte ropas holgadas para estar cómodo, pero si no te es posible, afloja cualquier prenda de ropa que te apriete en la cintura o en el cuello, para que no te moleste. No es aconsejable cruzar los brazos ni las piernas, porque en esta postura podrías sentirte incómodo.

Quizá te guste escuchar una música suave de fondo, o prefieras permanecer en silencio. A veces me gusta imaginar una escena en mi cabeza, como mi bello jardín, y otras, en cambio, dejo que mi mente sea como una pantalla en blanco dispuesta a recibir cualquier imagen que aparezca en ella.

La meditación a solas

Decide si prefieres meditar a primeras horas de la mañana, por la noche o ambas cosas. Elige un momento del día en el que no tengas interrupciones. No es necesario meditar durante un largo período de tiempo. Si eres el tipo de persona que entra en un estado meditativo profundo y te gustaría seguir en él pero tienes poco tiempo, fíjate mentalmente la hora de terminar la sesión. Verás como funciona.

Aunque estés solo, empieza con el preludio de la estrella, absorbiendo la luz que la estrella derrama por tu cuerpo. Relaja también tu corazón, colgando todas tus preocupaciones en el árbol de los problemas, reúnete con la persona sabia y después entra en una de las meditaciones. Léela para que se grabe en tu mente; siéntate, relájate y deja que tu mente reflexione sobre la meditación elegida, puedes cambiarla para que se adapte a tu personalidad o al estado de ánimo del momento.

Cuando salgas de la meditación, recuerda envolverte en el manto dorado y enviar la energía que hayas utilizado al universo para que sirva para el más elevado y mejor fin.

La meditación en grupo

Ya hace varios años que enseño a practicar la meditación. Invito al grupo a sentarse en sillas de respaldo recto formando un círculo y aconsejo a sus componentes que relajen el cuerpo y la mente, que se aflojen cualquier pieza de ropa que les oprima y que, si es necesario, se quiten los zapatos. Aunque no sea obligatorio, es una buena idea sacarse las alhajas que tintineen y evitar los perfumes fuertes. El perfume o la loción para después del afeitado pueden molestar a otras personas que tengan el sentido del olfato muy sensible o sean alérgicas a esos productos.

En primer lugar comienzo por el preludio de la estrella (véase p. 29), y luego llevo al grupo a la escena de una meditación durante un período aproximado de cuarenta y cinco a sesenta minutos, depende del grado de concentración que tengan y de cómo yo me sienta. La duración del tiempo depende de quién dirija la sesión: si crees que media hora es suficiente, en este caso eso es lo que debe durar para ti y los demás. Si el grupo es nuevo es mejor empezar con una sesión más corta y alargarla gradualmente con el paso del tiempo.

Cuando pido a los miembros del grupo que salgan de su estado de meditación, lo hago a partir del mismo lugar en que les he dejado. Les conduzco por el sendero que lleva a la verja, la cierro después a su espalda y les pido que abran los ojos cuando se sientan preparados.

Algunas personas tardan más que otras en regresar. Si ves que algunas continúan en el estado meditativo, llámalas por el nombre y pídeles que regresen. A veces, cuando nos sumimos profundamente en este estado, deseamos seguir en él. Sin embargo, la vida nos llama para seguir su curso, de modo que debemos regresar.

Envuelvo a cada persona con un precioso manto dorado para indicarle que el estado de meditación ha llegado a su fin. El manto empieza a descender a partir de la cabeza, y después le envuelve todo el cuerpo, cubriéndole incluso los pies. También envío la energía acumulada al universo para que se use para el más elevado y mejor fin.

Si decides meditar en grupo es importante que te sientas a gusto con los demás. Sentarte con alguien que te incomode puede interferir en tu meditación y viceversa. No obstante, estoy segura de que si decides formar un grupo sólo estará compuesto de personas con las que seas compatible.

Al meditar en grupo, descubrirás que la energía del grupo puede ayudar a que sea más fácil meditar y a ver las cosas en un estado más relajado. Elige un día y una hora que os vaya bien a todos y respétala. No permitas que cualquier motivo te impida acudir a esta sesión semanal de meditación en grupo. Asistir con regularidad os beneficiará en muchos sentidos a todos.

Es necesario que haya alguien que dirija la meditación. Normalmente es mejor que cada semana sea la misma persona, pero también os podéis turnar. Esta rotación da a quien la dirige la oportunidad de afinar la visualización o agudizar sus capacidades imaginativas para realizar la meditación según su propio estilo.

La persona que dirige la meditación no podrá meditar tan profundamente como quizá quisiera. Deberá estar atenta todo el tiempo y conseguir que los demás regresen en el momento apropiado. Porque de lo contrario ¿quién haría regresar al grupo?

Tal vez al leer las meditaciones pienses que no son muy largas, pero quiero recordarte que al dirigirte a un grupo has de hacerlo en un tono de voz muy suave y relajado, marcando pequeñas pausas para que los demás puedan asumir la escena, y seguir con los ojos cerrados y la mirada puesta en su interior, visualizando con facilidad y sintiendo la escena. El modo de usar la voz es muy importante. Es mejor ir bajando el tono y hablar cada vez con mayor lentitud porque resulta más relajante. Una voz baja y relajada tiene un efecto hipnótico que puede ayudar a los demás a entrar en el estado meditativo.

Tanto lo que he escrito en el preludio de la estrella como en cualquiera de las meditaciones, constituye sólo una guía. Tal vez desees cambiarlo para que se adapte más a ti. Al hacerlo, puedes añadir detalles que yo no he incluido.

Preludio de la estrella

QUIERO QUE veas encima de tu cabeza una estrella muy, muy hermosa, llena de una luz blanca que irradia una encantadora luminosidad que resplandece y brilla. Quiero que veas esa luz derramándose hasta alcanzar la cima de tu cabeza. Y quiero ahora que sientas cómo esa luz tan pura penetra por tu cabeza y recorre todo tu cuerpo hasta que se llena de esa maravillosa luz blanca.

Quiero que sientas cómo desciende por tus brazos hasta llegar a las manos y a cada uno de los dedos.

Siente cómo la luz desciende por el tronco de tu cuerpo, hasta llegar a las piernas y una vez allí, condúcela hasta los pies y siente cómo penetra en cada uno de los dedos de los pies.

Ahora que te has llenado de esa maravillosa luz, eres un faro luminoso y te has convertido en una llama viva.

Observa tu corazón y llénalo de amor por toda la gente y las criaturas grandes y pequeñas. ¿Puedes advertir cómo tu corazón va haciéndose más y más grande? Se expande porque rebosa de amor por todas las personas, los animales y, como es natural, por ti.

Antes de entrar en el jardín quiero que observes un gran árbol que hay fuera de él. Se llama el «árbol de los problemas». Quiero que cuelgues en él cualquier cosa que te preocupe, quizá tengas problemas con el trabajo o en tu vida personal. Este árbol admite cualquier problema, sin importarle lo pequeño o grande que sea. Acepta cualquier cosa que quieras colgarle o dejar.

Frente a ti hay una persona sabia que te ha estado esperando pacientemente, siempre te querrá y cuidará. ¿Puedes sentir el amor que esta especial persona emana hacia ti? O quizá tengas un ángel de la guarda que quiere envolverte con sus protectoras alas doradas antes de conducirte a tu jardín. Las alas del ángel son grandes, tienen la suavidad de las plumas. Cada persona tiene su propio ángel de la guarda o una persona sabia que la protege siempre, por eso nunca estás solo. Es importante que lo recuerdes y que sepas que tienes a alguien que te quiere y vela por ti.

Coge la mano que el ángel te tiende, abre la verja que tienes delante y entra en tu jardín cerrándola tras de ti. Al penetrar en él, los colores se llenan de vida con una intensidad que nunca antes habías visto. Aspira la belleza de las flores, sus colores, la textura y el perfume que emanan. La hierba es de un intenso color verde y el cielo de un azul precioso salpicado de blancas y esponjosas nubes. Tu jardín es muy tranquilo, está lleno de amor y armonía.

La creatividad

La creatividad se manifiesta de muy distintas maneras y no debe limitarse en ninguna de sus formas:

- ser capaz de preparar la comida de manera apetecible
- escribir programas para ordenadores
- modelar y hacer figuras con barro
- pintar
- escribir
- bailar
- hacer mímica
- coser
- patinar sobre hielo
- poner a punto un motor

Puedes manifestarla de infinitas maneras. La energía creativa fluye cuando nos concentramos en lo que estamos haciendo y las distracciones externas no nos perturban.

Observa las facultades que no usas y adapta las meditaciones para que puedas manifestar tu creatividad. No te dejes limitar por lo que he escrito. Sé inventivo.

El talento y la creatividad te estimulará a manifestar tus aptitudes ocultas y tu capacidad creativa. Debemos tratar nuestras facultades de manera que las animemos a salir a la superficie.

El pintor te muestra cómo puedes sentir la pintura que deseas plasmar en el lienzo y usar vibrantes colores o cambiarlos a tu gusto. Quizá desees pintar las mariposas, las abejas, las flores o el cielo, dependerá de ti, igual que la manera de dejar que tu creatividad fluya.

El violín da vida a la música de un bello instrumento y te permite sentirte en unión con ella. Si quieres, puedes cambiarlo por otro instrumento musical, como un piano, un saxofón, una flauta o un oboe, y trabajar con ese instrumento en el mismo contexto.

Escribir un libro te muestra que puedes aprovechar otras fuentes de información. La mente es sumamente receptiva, es capaz de procesar la información y elaborar ideas y pensamientos muy útiles. El bloque de piedra y las inscripciones mencionadas son sólo herramientas para llevarlo a cabo.

El arco iris de la imaginación despierta tu imaginación, tal vez a través del color, para que tu mente sea fértil y receptiva, mientras sientes con la mano cada color del arco iris, manifestando toda tu creatividad.

El talento y la creatividad

EN TU JARDÍN ha estado lloviendo pero el sol acaba de salir y ahora puedes sentir cómo su calor acaricia tu piel. El cielo parece una seda azul y las nubes blancas se deslizan hacia la brillante esfera dorada que pende del cielo. Las plateadas gotas de lluvia brillan en el césped y sobre los arbustos y árboles de los alrededores. Parece como si una delicada y húmeda mano hubiera rozado las flores.

Tu sendero serpentea ante ti, vigilado por altos árboles que dejan que la luz del sol se filtre por los arbustos y las flores de los alrededores.

Sientes la suavidad de la hierba bajo tus pies y mientras avanzas vuelve a crecer, como si tus pasos no hubieran dejado ninguna huella. En tu jardín nada muere, todo se renueva.

Como eres creativo te fundes con la naturaleza y sientes la paz de esta unión. Toca las flores, siente su textura, su suavidad, aspira su perfume. Observa una hoja y advierte el intrincado patrón que la forma. Si la partes por la mitad desprenderá un perfume distinto al de las flores.

Tu sinuoso sendero te conduce a una parte del jardín que aún no habías visitado. Es verde y exuberante, contiene muchas plantas que pertenecen a la selva tropical. Los árboles son tan altos que parecen tocar el cielo, puedes oír el canto de diminutos pájaros llamándose entre sí y a los insectos deslizándose sobre las hojas del suelo.

En medio de esta belleza ves un gran tronco de madera convertido en mesa, sobre el cual hay muchas cajitas. Algunas son de madera, otras de plata, oro o ámbar y otras, en fin, de un material que no puedes reconocer. Tienen diversas formas y tamaños, unas son sencillas y otras llevan gemas incrustadas o talladas.

Cada caja contiene un talento o un tipo de creatividad que puedes desarrollar en ti. Algunas te mostrarán los dones que tú ya sabes que tienes y, otras, las aptitudes que duermen en tu interior.

Tienes muchas facultades creativas, pero algunas están ocultas, esperando poder germinar y florecer.

Ahora vas a elegir una caja, pero primero intenta sentir en tu interior una aptitud creativa con la que disfrutas mucho y que desees desarrollar. Obsérvala, experiméntala, aspira el olor que despide, sabiendo que esa parte creativa de ti está a punto de florecer.

Y después elige una caja, puede ser de madera, ámbar o hecha con los materiales más delicados. Ábrela para ver cómo la caja refleja la creatividad que sabes que tienes. Como has trabajado ya esta parte de ti durante un rato, la caja no sólo reflejará lo que guarda para ti, sino que además te enseñará a desarrollarlo y a que se haga más receptivo. La caja abierta puede mostrarte cómo puedes manifestar tu talento musical, que podía estar dormido en tu interior, esperando a que lo sintieras. Puedes elegir un caja que te muestre un talento que ya conoces o tal vez tus buenas aptitudes para un deporte determinado.

O puedes también elegir una caja sin examinar antes lo que sientes en tu interior, sin conocer los dones que posees. Hacerlo es una de las cosas más maravillosas, porque tu creatividad puede ser ilimitada.

Quizá la caja elegida te sorprenda. Es posible que contenga una parte creativa de ti que desconocías. Sostén primero la caja entre tus manos, sintiendo su peso y su textura. Ahora, ábrela y siente cómo tus manos, tu mente y tu cuerpo absorben su contenido.

Hay muchas cajas para elegir y cada una refleja un talento distinto. No tienes por qué elegir sólo una, a no ser que atraiga por completo tu atención.

La creatividad se manifiesta de muy distintas maneras y cada una necesita una forma de expresión. Piensa en cómo puedes expresar tu creatividad del mejor modo. Deja que estas cajas sean el emblema de tu creatividad. Progresarás y dejarás que florezca lo que desees expresar.

Explora cada caja, cada talento, tu creatividad no tiene fronteras ni limitaciones. Permítete ser único, ser... tú mismo...

El pintor

EL CIELO de tu jardín es de un azul cristalino matizado de púrpura, como si una delicada mano lo hubiera pulido eliminando las nubes para que el sol pendiera del cielo como una enorme esfera dorada. La luz del sol se filtra por el sendero que recorres, salpicándolo de sombras, y las mariposas revolotean ante ti y te llevan a una zona más profunda del jardín.

Vuelan armoniosamente, trazando un dibujo en movimiento de colores. Algunas son muy grandes, con brillantes alas azules salpicadas de puntitos dorados. Otras, de un cálido y aterciopelado color castaño, tienen las alas sombreadas de marrón y perfiladas de verde.

Estos colores son tan ricos y bellos que tal vez te sientes capaz de poder pintarlos. Deténte durante unos momentos e intenta expresar con el pincel lo que sientes en tu interior y lo que ven tus ojos.

Las flores se han vestido con los colores más hermosos. Se yerguen altas y orgullosas exhalando su perfume a través de las hojas de los arbustos y de las ramas de los árboles. A medida que te adentras por el sendero de tu jardín, sintiendo el calor de la tierra bajo tus pies, te encuentras con el abuelo árbol. Es el árbol más viejo del jardín y está lleno de conocimiento y sabiduría. Tiene un ancho y nudoso tronco y sus numerosas y pesadas ramas rebosan de hojas verdes que se agitan suavemente con la brisa.

Si quieres, puedes sentarte con tu bloc de dibujo al pie del abuelo árbol y hacer un esbozo de lo que ves ante ti. Puede ser una gacela que salta cruzando el claro, o bien las montañas en la lejanía, o quizá las mariposas revoloteando.

Al otro extremo del claro hay una colmena. Las abejas vienen y van, recolectando la miel de las coloreadas flores de los alrededores. Sus cuerpecitos negros y dorados se mantienen inmóviles en el aire cerca del colmenar antes de lanzarse de nuevo a recoger más néctar para su reina.

Cuando hayas hecho un bosquejo de todo cuanto ves, quizá quieras reproducir en color lo que estas imágenes significan para ti. A veces lo que ves y lo que dibujas pueden ser dos cosas distintas. Quizá cambies o exageres algunos aspectos o desees reproducir exactamente las imágenes que percibes.

Puedes utilizar acuarelas o tal vez prefieras pinturas al óleo. Sea cual sea el material que elijas, lo encontrarás al pie del árbol abuelo. Puedes también abrir el caballete y transferir tus bosquejos en la tabla o lienzo que tengas ante ti, dando vida a lo que has visto en vivos colores.

Como tienes tantos colores para combinar, podrás encontrar la exacta tonalidad de la escena que estás viendo o enriquecer aún más su color. Podrías intensificarlo añadiendo un poco de púrpura o rojo. Quizá desees experimentar mezclando colores poco corrientes para crear tonos que normalmente no se ven.

Deja que tu imaginación te ayude. La imaginación hace que tu creatividad fluya y florezca. Déjala vagar, crear y manifestarse.

Pinta y pinta hasta que te sientas satisfecho con lo que estés reproduciendo. Las mariposas, los animales, las abejas, la hierba y los árboles, las flores y el cielo, así como el luminoso sol dorado. Quizá ahora se deslizan algunas nubes...

El violín

AL ENTRAR en tu jardín ves cómo los rayos del sol derraman un cálido brillo y los árboles agitan sus brazos dándote la bienvenida. El aire es fresco y limpio, y el perfume de las flores te envuelve al inclinar sus corolas mecidas por la suave brisa. Sobre ti se deslizan tenues nubecillas, complementando el azul del cielo.

Las flores con sus variados colores se yerguen altas y orgullosas y el aire arrastra su perfume hacia ti mezclándolo con el aroma que exhalan las matas de lavanda. La tierra bajo tus pies es suave y cálida, y sientes la serenidad que transmite el jardín a tu alrededor.

El sendero que recorres se adentra en tu jardín hasta llegar al abuelo árbol. Es el árbol más viejo y sabio de tu jardín. Sus ramas son pesadas y exuberantes, y las hojas verdes susurran al moverse con la suave brisa. Siempre sientes como si este árbol tuviera algo que ofrecerte, y cada vez puede ser una cosa distinta.

¿Por qué no te sientas sobre una de sus robustas raíces apoyando la espalda contra su tronco? Un enjambre de pájaros revolotea en torno a su copa, y algunos descienden para posarse en sus ramas. Observa a tu alrededor y verás un ciervo acercándose a ti, y también varios conejos blancos. Alarga la mano lentamente, están tan cerca que hasta puedes tocarlos.

El abuelo árbol mueve sus ramas y una de ellas se detiene muy cerca de ti, como si quisiera ofrecerte algo. Observa con más atención y verás que un violín descansa sobre sus hojas. Alarga la mano y descubrirás cómo las ramitas dejan de sostenerlo para que el violín caiga en tus manos.

Este violín es muy antiguo y hace mucho tiempo que nadie lo toca. El color de la madera es cálido e intenso, se nota que ha sido muy querido y lo han cuidado muy bien. Sus cuerdas son fuertes y tienen la tensión correcta, y cuando las pulsas con el dedo, producen un sonido mágico. Nunca has escuchado nada parecido. Coge el arco con tu mano, coloca el mástil del violín bajo el mentón y desliza después suavemente el arco por las cuerdas.

Escucha la música en tu mente y descubrirás que viaja por tus manos. Escucha la música en tu corazón y verás que se conecta con el violín. Escucha ahora la bella música que emite el violín que el abuelo árbol te ha regalado; déjate llevar por el gozo que te produce, te transporta a otro mundo.

Puedes sentir cómo la música fluye por tu cuerpo, tu mente y tu corazón. Todo tu sistema vibra como si se fundiera con la belleza del sonido de este instrumento. Mientras lo tocas, mira a tu alrededor. Todo el jardín parece escuchar su música y moverse al compás de las notas que emana. Tus dedos se mueven cada vez con mayor rapidez, sin vacilar, sin dudar, y como la música que sientes en el alma impregna el aire que te rodea, su belleza conmueve a todos cuantos la escuchan.

Adviertes que hay más música esperando a ser compuesta, a ser tocada, y que el violín anhelaba que alguien lo tocara, que alguien lo escuchara.

Quizá puedas ver algunos gnomos acercándose a escucharte, gozando de los sonidos mágicos que tocas. Tal vez estén a punto de ponerse a bailar. Los bondadosos espíritus de la naturaleza, que casi nunca muestran sus rostros, llegan para unirse a ellos.

Siempre que sientas la necesidad de tocar el violín, ve a ver al abuelo árbol, ahora sabes que él te lo guarda en un lugar seguro hasta que regreses...

Escribir un libro

LA PAZ y la tranquilidad de tu jardín se extiende como un manto serenándote y preparándote. Muchos animales se acercan, quizá desees estar con ellos un rato sintiendo la paz y la satisfacción que transmiten. El aire es fresco y limpio, y el perfume de las flores te envuelve mientras inclinan sus corolas mecidas por la suave brisa.

Al adentrarte en el sendero llegas a un claro rodeado de grandes árboles verdes. Parecen tocar el cielo, sus densas ramas se mueven suavemente mientras los pájaros llegan para anidar en su follaje.

El sol brilla suavemente, enviando dedos de luz que penetran a través de la exuberante vegetación y las flores, salpicando de sombras el gran bloque de piedra que se yergue solo en el centro del claro.

Al acercarte a la roca, adviertes que sobre ella hay papel de escribir y varios bolígrafos de colores. Ves también que en la roca hay muchas inscripciones.

Algunas te enseñan cómo escribir o te sugieren algo inspirador; otras te muestran cómo crear en la mente el texto que te gustaría transcribir; y aún otras, te dan una idea general de los escenarios para que puedas transformarlos en guiones de películas.

Prepara una hoja de papel y coge un bolígrafo con una mano. Coloca la otra sobre la piedra. Al principio te parecerá un objeto inanimado que hubiera absorbido todo el conocimiento que es posible asimilar. Pero, al poco rato, tus dedos sentirán como si la piedra respirase y estuviera viva, y en tu mente empezarán a surgir nuevas ideas.

Ahora tu bolígrafo vuela por el papel mientras transportas las ideas de tu mente sobre la hoja blanca que tienes frente a ti. Y escribes sin parar el torrente de ideas y palabras que brotan de tu mente.

Mientras escribes, aunque sepas que no estás solo, sientes la soledad que te rodea. Todo a tu alrededor vive, respira y te alimenta con energía, para que puedas expresar toda la creatividad que llevas dentro.

Vuelve a examinar la piedra. Ahora descubres unas inscripciones que antes no habías visto. Es como si después de haberte inspirado, las inscripciones cambiaran. Sientes que de la piedra sale un inagotable torrente de ideas.

Quizá desees escribir una novela —o una obra de teatro— o un poema que salga de lo más hondo de ti. Sea lo que sea, cualquiera de las maneras en que decidas expresar tu creatividad, deja que fluya perfecta y pura de tu verdadero ser, del fondo de tu corazón.

Confía en que lo que escribes es cierto para ti en este momento y que te produce alegría y felicidad. El espíritu creativo es más feliz cuando fluye, alegra y colorea las vidas que sin él serían sosas y grises...

El arco iris de la imaginación

LOS ÁRBOLES se susurran unos a otros y el cielo permanece claro. El sol es una enorme esfera dorada que proyecta su agradable calidez hasta el lugar de tu jardín en el que te encuentras. Los árboles agitan sus ramas dando la bienvenida a los rayos de sol. Si escuchas, les oirás decir: «Ven, ven», porque saben que el sol les ayuda a crecer. El aire es fresco y limpio, y el perfume de las flores fragante y generoso. Las prímulas y los narcisos dorados se balancean con suavidad, mezclando armoniosamente sus colores con los de las otras plantas que crecen en los alrededores.

Los árboles te señalan el árbol más viejo de tu jardín, cuyas ramas se inclinan densas y exuberantes, permitiendo descansar en ellas a muchos pájaros. Tu abuelo árbol se eleva sereno y lleno de sabiduría. Siempre está allí y es el centinela de tu especial jardín.

¿Por qué no descansas contra su tronco y sientes la fuerza de sus raíces penetrando profundamente en la tierra? Una de sus ramas más pequeñas se inclina para acariciarte suavemente la frente con sus hojas y darte la bienvenida. Esta rama seguirá acariciando la parte derecha de tu cerebro, activando toda tu imaginación.

Este viejo árbol, que ha recogido en sus profundidades la sabiduría de siglos, parece también tocar el cielo, y ahora conversa con los vientos y las nubes para pedirle a un arco iris que se pose a tus pies. El viento y las nubes han estado ocupados en otro lugar del jardín, pero ahora envían una lluvia tan suave que apenas notas las gotas de agua y, mientras, aparece el arco iris.

La lluvia cae como una neblina, aunque el cielo sea de un intenso azul celeste y los rayos del sol irradien su luz hacia donde tú estás. El aguacero nutre la tierra revitalizándoos a ella y a ti.

Y ahora imagina que a tus pies brota un enorme arco iris que se extiende hasta la lejanía. Su arco está formado por unos colores tan brillantes e intensos como nunca antes habías visto. Alarga la mano y siente la energía que fluye de cada uno de los colores. Coloca las dos manos en la base del arco iris y percibe la fuerza que emana de él.

Cada color reserva algo especial para ti. Ya no necesitas tocar ningún color, porque ahora el propio arco iris te envuelve rodeándote con su luz y colorido. Acéptale, reconócele y deja que el arco iris active tu imaginación al máximo. Percibe la multitud de luces que fluyen por tu mente llenando de luz las áreas de tu cerebro que lo necesitan. Estas luces fortalecerán tu imaginación, tu creatividad y te ayudarán a ver las posibilidades que hay en estas aptitudes que tienes.

¿Por qué ahora no trabajas con cada color por separado y ves qué te sugieren? Quizá prefieras empezar por el rosa o el violeta. Sea cual sea el color que elijas, será el apropiado para ti. Tal vez prefieras que el arco iris te transmita el color con el que deberías trabajar. Quédate sentado en este lugar y experimenta cada uno de los colores, o todos a la vez, dejando que tu imaginación reine con total libertad. No intentes controlar las imágenes ni darles forma. Deja que te sugieran aquello que puedes hacer, cómo puedes usar la creatividad que mantienes oculta de la mejor manera, y no limites tu talento...

La flexibilidad y la fuerza interior

La flexibilidad y la fuerza interior son cualidades importantes para todos nosotros. Si no aprendemos a ser flexibles tendremos problemas en la vida y con los demás. Podemos conseguir fuerza interior intentando conocer mejor «quiénes» somos y dándonos cuenta de las cualidades que tenemos.

Ser flexible y comprensivo es una meditación que te ayuda a ser más indulgente con los demás; de ese modo serás también más flexible y comprensivo con sus defectos y los tuyos.

La presión que ejercen tus compañeros te enseña cómo ayudar a manifestar tu verdadero ser, así podrás confiar más en ti mismo y ser capaz de soportar la presión del exterior.

Liberar los problemas te ayudará a afrontar la difícil labor de dejar de apegarte a las cosas.

Ser flexible y comprensivo

EL VIENTO sopla en tu jardín, inclinando a su paso los árboles y arbustos, limpiando la hojarasca que yace en el camino. El perfume de las abundantes flores se esparce con el viento hacia todos los rincones del jardín, su suave aroma realza cada árbol, cada mata, cada brizna de hierba. Siente el poder del viento. Observa la fuerza de los árboles que pueden inclinarse y volverse a levantar.

Imagina que tú también te desenredas, te inclinas, te mueves en el viento y con el viento. Observa cómo tu cuerpo se relaja, tus músculos y tendones se aflojan, tu cuello se vuelve flexible y gira con facilidad. Siente cómo tu cuerpo se balancea con la brisa, en armonía con ella, al compás de su música, y cómo este relajante movimiento penetra en tu interior, en tu ser, que ha estado oprimido y necesita salir, expresarse.

Percibe cómo se vuelven flexibles todas las áreas de tu vida, no sólo tu cuerpo, sino también tus pensamientos, acciones y palabras.

Al volverte más flexible, descubres que ahora eres más comprensivo con los defectos de los demás y también con los tuyos.

Los defectos son sólo un intento de expresarse en el camino del aprendizaje, y tus defectos te han enseñado cosas que de otro modo nunca habrías sabido. Los demás aprenden también de la misma manera y a veces puede ser muy dolorosa. Tal vez en su interior se sienten negativos o heridos por circunstancias que tú desconoces, y ellos, a su vez, tampoco conocen las tuyas.

Ahora el viento ha cesado y el aire se ha calmado. Imagina que estás sentado bajo un rosal y percibe cómo las gotas de rocío caen suavemente sobre ti. Cada gota de rocío hace desaparecer una herida que tienes dentro de ti, y después te sientes más relajado.

Deja que cada gota caiga donde más lo necesitas y siente cómo te vuelves más comprensivo con los demás y contigo mismo. Tu columna se vuelve más fluida, más flexible, a medida que tus actitudes y pensamientos cambian. Al perdonar a los que te han herido, descubrirás que tú también has aprendido de esos enjuiciamientos, así como a no juzgar a los demás.

Siente la libertad que se respira en el aire que te rodea y cómo te vuelves más libre, más liviano, al abandonar las ataduras que te han oprimido y al saber que no tienen por qué seguir oprimiéndote...

La presión que ejercen tus compañeros

EN TU JARDÍN el aire es fresco y limpio. El sol pende del cielo como una enorme esfera dorada, derramando cálidos rayos que tocan tu piel y te hacen sentir bien. Tenues hilillos de nubes forman dibujos al moverse en un cielo azul marino intenso.

Siente la fuerza que exhala la tierra bajo tus pies, siente cómo entra por las plantas de los pies y llena todo tu cuerpo, haciéndolo brillar y sentirse más fuerte que nunca.

La fuerza de la tierra y el frescor del aire envuelven tu cuerpo y te hacen sentir bien, como si todas las dudas y la negatividad salieran de tu interior y se disolvieran y desaparecieran, beneficiándote con ello.

Al sentir cómo esa fuerza fluye por tu sistema, empiezas a darte cuenta de que lo importante no es lo que los demás piensan de ti, sino lo que tú pienses. Ahora confías más en ti mismo.

Imagina que eres firme y enérgico, capaz de valerte por ti mismo, seguro de tus derechos.

Hay otras personas en tu vida que tienen sus propios temores y preocupaciones, pero éstos no tienen por qué afectarte. No te aferres a esos temores, pertenecen a los demás. Concéntrate en tus cualidades.

Rodea el árbol con tus brazos y siente la fuerza centrífuga que emana y que te hace sentir centrado, como si su fuerza vital se conectara con la tuya.

Percibe el amor que sientes por el universo y por ti mismo, por lo que ahora eres y por lo que serás. A medida que tu amor se fortalezca podrás relacionarte mejor con tus compañeros y con la presión que a veces ejercen sobre ti.

No tienes por qué sentir ninguna presión, a no ser la de los objetivos que deseas alcanzar en tu vida, ahora y en el futuro...

Liberar los problemas

AL PENETRAR en tu jardín ves que es muy bello. Contiene pájaros de muchas clases que nunca habías visto antes. Te dan la bienvenida y los animales se acercan a ti para acompañarte en tu viaje interior.

Percibir la serenidad y la paz del jardín que te rodea te hace sentir bien. El sendero que recorres te conduce a un lugar cada vez más elevado y el aire se vuelve más fresco y limpio. En tu espalda llevas una bolsa que va aumentando de peso. Mientras tus pies te conducen a un punto todavía más alto, se desprenden pequeñas rocas del sendero rodando a tu lado. Los animales han decidido acompañarte en tu viaje y están a tu alrededor.

El sendero te ha llevado a la cima de una montaña. Desde allí puedes verlo todo. Desde cualquier dirección que mires, la vista es infinita.

Quítate la bolsa de la espalda y mira lo que hay dentro para saber qué has estado cargando en esta pronunciada subida. Parece ser que dentro de la bolsa habían todos los problemas de los que te costaba desprenderte.

Sácalos uno a uno y obsérvalos atentamente, ¡ahora, déjalos ir!

Imagina que te liberas de tus problemas y éstos se elevan hacia el éter y desaparecen. Quédate en la cima de la montaña y extiende los brazos como si quisieras abrazar el cielo, los vientos y las incontables estrellas y planetas que te rodean. Siente la fuerza y la energía universal que recibes al extender los brazos y dejar que tus problemas se alejen y se disuelvan.

Los problemas son regalos que recibimos en el camino del aprender. Con cada problema aprendes a afrontar los contratiempos, a dar y compartir. Aprendes a utilizar la mente para evaluar qué debes hacer para liberarte de una dificultad en particular o solucionarla.

Los problemas pueden ser regalos en el camino de la amistad.

A veces podemos compartirlos, y al hacerlo, se crean unos vínculos con los demás que no se habrían formado de no haberse presentado.

Recibe tus problemas como si fueran adivinanzas que tuvieras que resolver, obstáculos que vencer, porque al superarlos acumularás más conocimientos y fuerza interior para afrontar cuanto la vida te depare.

Si estás preocupado por el dinero explica tu problema al universo y confía en que siempre tendrás todo lo necesario para satisfacer tus necesidades.

Si estás preocupado por tus amistades, debes saber que muchas siguen y perduran, mientras que otras se pierden con el paso del tiempo. Pero siempre te quedará su recuerdo, de modo que nada llega a perderse nunca.

Siente cómo cada uno de tus problemas se transforma de piedra en flor. Después ofrece esa flor al universo y sé consciente de que al cambiar tu forma de comprender las cosas, has aprendido a afrontar tus problemas...

Las metas y la abundancia

Todos tenemos metas y no hay razón alguna por la que no debamos gozar también de abundancia en nuestra vida. Si confiamos en que la tendremos, y si trabajamos para conseguirlo a diferentes niveles, no hay ninguna razón por la que no podamos gozar de ella.

Apuntar alto te enseña a ver tus objetivos y metas de una manera positiva para hacer precisamente esto: apuntar alto.

El mar de la abundancia te enseña cómo trabajar para alcanzar tus objetivos aprovechando la energía universal.

Las mariposas te enseña que si puedes llegar a ser tan libre como ellas, podrás lograr cualquier cosa.

Apuntar alto

TU JARDÍN está silencioso y tranquilo y puedes oler el frescor de la hierba y el perfume de las flores. El sol, en lo alto del cielo, calienta tu cuerpo, haciéndote sentir relajado y en paz con el mundo. El azul del cielo es claro y delicado y los árboles diseminados proyectan su sombra protegiendo las plantas jóvenes que luchan por crecer. Siente el frescor del aire, inspíralo y percibe cómo limpia tus pulmones.

Al seguir el sendero llegas a un acogedor y viejo árbol de gran tamaño que se eleva junto a un serpenteante río. Apóyate contra su tronco y siente sus frondosos brazos a tu alrededor mientras contemplas el agua brillando bajo el sol. En sus profundidades refleja los luminosos rayos y el azul del cielo.

Cuando mires a lo alto del cielo, donde las nubes se deslizan, quizá veas escrito lo que te gustaría hacer contigo y con tu vida. Si no está allí, puedes ver cómo un avión lo escribe con la estela que deja a su paso. Ahora es el momento perfecto para establecer tus metas y ambiciones.

¿Por qué no te tumbas en el suelo y miras cómo aparecen las palabras mientras el avión desciende y gira por el cielo? Tu mente puede controlar al avión y lo que escribe. Si aparece algo que crees no es indicado para el momento, puedes recordarlo y dejarlo para otro día, otro año o para el futuro.

Tu futuro es ilimitado. No tienes por qué frenarte de lo que podría ser tuyo. Para algunas personas tener metas y ambiciones significa apuntar alto y no conformarse con menos. En cambio otras, aceptan unos resultados medianos.

Pon tus metas y ambiciones en el cielo. Escríbelas con claridad y ve añadiendo más. Algunos objetivos te parecerán ahora inalcanzables, pero no significa que no puedas realizarlos nunca.

Algunas de las primeras metas que te has propuesto alcanzar quizá se cumplan más adelante, ya que primero habrás tenido que

resolver los asuntos relacionados con tu desarrollo y supervivencia. A veces también puedes cambiarlas y tomar otra dirección. Mientras sea esto lo que desees, está bien.

Proyéctate a ti mismo y a tus pensamientos en el universo, sabiendo que no hay ninguna razón por la que no debas triunfar. Confía también en que puedes alcanzar cualquier cosa que te propongas...

El mar de la abundancia

TU JARDÍN es muy bello, está impregnado con el aroma de los rosales de los alrededores. Al oír los graznidos de las gaviotas te recuerdan el mar. A lo lejos escuchas el rumor de las olas y el olor salado hace que quieras descender hasta la orilla. Éste es el mar de la vida, el mar de la abundancia. Está rodeado de una arena dorada que brilla porque cada grano reluce bajo la luz del sol.

Imagina que estás delante de las brillantes aguas del océano, sus olas se deslizan hasta la orilla, arremolinándose en ella y dejando su huella en la arena al regresar al mar.

Es el mar de la abundancia y la plenitud, la fuente de toda vida. Todo cuanto tienes que hacer es conectarte con su energía y darte cuenta de que el mar tiene toda la que necesitas para colmar tus necesidades y las de las personas que te rodean.

Y mientras contemplas este mar de la vida que se extiende con abundantes olas, quizá necesites analizar por qué a veces te parece que la vida no te da lo suficiente. ¿Por qué las cosas que deseas, o que trabajas para conseguir, no te llegan con la abundancia que esperabas? Si buscas las razones que se ocultan detrás de tu carencia, tal vez descubras que no has conectado con el mar de la vida. Y si es así, debes preguntarte por qué aceptas esta restricción cuando puedes disfrutar de la abundancia que te ofrece el mar de la vida.

Y ahora que lo tienes ante ti, si quisieras atesorar su riqueza ¿cómo lo harías? ¿Usarías una cuchara para guardar el agua en una taza? ¿O un gran bol de madera? ¿O te ves llenando una piscina para asegurarte de que no se te acabará? Piensa en todos los recipientes en los que puedes guardarla ¿cuál podría almacenar el agua suficiente para toda una vida?

Éste es el mar de la vida, el mar del dar, el mar de la abundancia, y es para todos. A pesar del agua que extraigas, no puedes quitar lo que le pertenece a otra persona porque siempre hay suficiente agua para todos.

Sería absurdo que la restringieras guardando el agua en un bol o en una piscina cuando puedes poner un conducto que conecte esta bendita agua contigo y tener siempre toda la que quieras.

Déjate conectar directamente a ella, sabiendo que puedes tomar hasta la saciedad de su fuente, que siempre se repone y nunca se agota, toda el agua que desees. Sabes también que no es por egoísmo, sino que tienes todo el derecho de estar conectado a la fuente de plenitud...

Las mariposas

SIENTES EL frescor del aire en tu piel, las gotas de rocío todavía no se han desprendido de las flores y de las hojas de los abundantes árboles que florecen en tu jardín. Los animales flexionan sus músculos y estiran las patas mientras se acercan para darte la bienvenida. Un enjambre de pájaros abandona las ramas para planear y aletear por el aire en un torrente de colores.

Mientras desciendes el sendero de tu jardín ves una nube de mariposas revoloteando alrededor de los arbustos y las flores. Son muy bellas, de maravillosos colores. Observa qué alas más delicadas tienen. Es como si las hadas después de tejerlas las hubieran sumergido en botes de pintura que contenían los colores del arco iris.

A veces también nosotros podemos sentirnos como las mariposas que revolotean de flor en flor, de un tarro de miel a otro, persiguiendo eternamente la vida y su belleza.

¿Por qué no intentas sentirte como una mariposa y disfrutar revoloteando como ellas, gozar de las flores y de tu entorno? La luz del sol se filtra a través de las hojas verdes salpicando el suelo de sombras, iluminando las alas de las mariposas y realzando sus colores, algunas parecen una malla dorada y otras son tan azules como el océano.

En la vida podemos ser como una mariposa, ir de una situación a otra disfrutándola, sintiendo el frescor de no estar atados a la tierra.

Déjate elevar hacia el cielo, tener alas, volar. Ser bello y hermoso. No te limites con el sentimiento de que no puedes ir de flor en flor, de una parte de tu vida a otra. La vida y las oportunidades son ilimitadas.

Las mariposas pueden significar la libertad de elegir, de expresarse. Hay tantas ideas y pensamientos encerrados en tu interior. Déjales salir, fluir, volar. Deja que sean tan bellos como las mariposas...

Tener éxito

Tener éxito significa dedicar tiempo y esfuerzo a lo que deseas alcanzar. Si quieres tener éxito en una entrevista para conseguir un trabajo, investigas de antemano todo lo que necesitas saber sobre la empresa para formular preguntas inteligentes al entrevistador. Si quieres triunfar en el campo artístico, practicas con dedicación cada día durante horas tu objetivo. Si deseas hacer programas para ordenadores, aprendes todo lo necesario para que te resulte más fácil alcanzar tu objetivo. Hagas lo que hagas, ten una imagen positiva de ti mismo e imagina que das lo mejor de ti.

Preparación para aprender te enseña que sea lo que sea lo que realicemos en la vida, necesitamos prepararnos para ello.

Aprender te indica que observes tu mente y dejes que sea ella misma, con sus propios pensamientos e ideas.

La pantalla te permite ver las opciones que tienes como si fueran imágenes en una pantalla que van cambiando a medida que cambias de esperanzas y planes.

Las puertas de las elecciones te conduce a un edificio de cristal en el que detrás de cada puerta se ocultan cosas importantes para ti que al descubrirlas te permitirán hacer buenas elecciones.

Aprobando los exámenes te enseña a sumirte en un estado de serenidad y a examinar tu conocimiento, sabiendo que puedes alcanzar los resultados requeridos.

En mi libro *El jardín interior* ofrezco las meditaciones «El colegio», «Los exámenes» y «Flotar», también con el fin de alcanzar un objetivo. «La biblioteca universal», en otro de mis libros, *Rayo de sol*, muestra cómo el conocimiento se encuentra en distintas habitaciones y tú puedes ir entrando en cada una de ellas para descubrir lo que contienen.

Preparación para aprender

TU JARDÍN está lleno de vida y color. Al entrar en él adviertes que el aire es fresco, deliciosamente renovador. Es como si el rocío que hace poco se ha formado sobre las rosas y los narcisos, exhalase un especial aroma para darte la bienvenida.

Siente cómo la paz y tranquilidad de tu jardín entra en tu cuerpo y fluye por tu organismo, despertándote una sensación de plenitud que es nueva para ti.

Respira esta paz, plenitud y tranquilidad. Exhálala después en tu jardín para que todo lo que hayas tomado regrese a su fuente. Al haber inspirado el frescor de tu jardín te sientes más fresco y limpio que nunca.

Ahora túmbate en el suave y verde césped con la espalda apoyada en el viejo roble. Sobre tu cabeza sus ramas se inclinan con las frondosas hojas verdes que te protegen del sol dorado.

El tronco de este viejo árbol te sirve de apoyo y al relajarte contra él sientes que su fuerza vital entra por tu cuerpo. Puedes sentir su energía, y tus objetivos y la fuerza que te impulsa a alcanzarlos se vuelven más fuertes. Ahora sientes también sosiego y serenidad. El suelo bajo tus pies te recuerda la magnitud de la tierra y te sientes vinculado a ella, a los árboles y a sus raíces, que la penetran y se arraigan en ella.

Percibe ante ti lo que necesitas conocer para alcanzar tus ambiciones, tus metas, tus objetivos. Confía en que tienes la capacidad para alcanzar cualquier objetivo que te propongas.

Observa qué es lo que necesitas aprender para poder lograrlos y sé consciente de que ahora te estás preparando para el futuro. Aunque tu mente sea clara y aguda, está llena de la fuerza del árbol y de la tierra, te sientes relajado, porque sabes que estás absorbiendo todo cuanto necesitas conocer.

Todas las dudas y temores se desmoronan y desaparecen como si nunca hubieran existido.

Sientes el calor del sol a tu alrededor, animándote a crecer de muchas maneras. Te sientes bien contigo mismo, con tu manera de ver la vida y de sentirte. Sabes que el camino que has elegido es bueno para ti, que existen muchos otros y que no tienes por qué limitarte a escoger sólo uno.

Siente cómo el conocimiento que necesitas entra en tu mente, tu cuerpo y tu corazón, para poder ser una unidad contigo mismo y con tus futuros logros...

Aprender

TU JARDÍN tiene una gran riqueza de colores y los árboles inclinan sus ramas para darte la bienvenida. La suave brisa te trae el aroma de las flores. Un león se aproxima hacia ti, coronado con su abundante melena. Antes de apoyar sus garras sobre tus hombros, coloca la cabeza bajo tu mano. Su rugido de bienvenida resuena por todo el jardín, y después te acaricia la cara con el hocico para mostrarte que no debes tener miedo.

Ahora el león te conduce a una cascada que hay en tu jardín. Los rayos del sol transforman las gotitas de agua en piedras preciosas que vuelan por el aire, a veces cayendo donde tu estás. Quizá estas gotitas te recuerden las ideas que flotan en tu mente, mostrándote cómo algunas de ellas no siempre siguen contigo sino que cambian, mientras que otras permanecen puras y perfectas.

Tus ideas colorean tu vida y te muestran que tu mente es diferente a las otras. Si trabajas con tu mente y tus ideas sobre lo que necesitas aprender en la vida, en este caso tu vida fluirá como una cascada abundante y poderosa que reflejará la luz del sol.

Imagina que tu mente está abierta y receptiva a aprender, que no tiene nunca miedo de lo que te presentan, ni de la forma bajo la que te llega. Imagina que tu mente es aguda, clara, activa y capaz de asimilar todo lo que tus maestros te enseñan, sea la materia que sea.

A medida que disciplinas tu mente, te resulta más fácil aprender los temas que no te gustaban al reconocer que debes esforzarte, tomar notas, hacer preguntas, discutir, leer para poder comprender la materia. Leer y escribir, escuchar y hablar te resultará más fácil y te satisfará más a medida que te vayas familiarizando con el tema que estudias y descubras que disfrutas con lo que estás aprendiendo.

Nunca tengas miedo de lo que no conoces. El miedo es lo único que te retiene. Ten el valor de preguntar y ser curioso. Tus aptitudes se manifestarán por completo y si dejas que esto ocurra, tu mente se

agudizará, será capaz de aprender cualquier cosa que le enseñen.

Pon tu mente ante ti, obsérvala y advierte lo inteligente que es y cómo funciona a muchos diferentes niveles. Viaja hasta el interior de las células de tu mente para descubrir qué es lo que hace que seas único, inteligente y especial. Piensa cómo puedes utilizar todos estos talentos para aumentar tu capacidad de aprender.

Abre algunas de estas células y examínalas atentamente. Verás que aunque estén separadas se conectan entre sí. Tu mente funciona de manera distinta a la de los demás, es única. Tus pensamientos, tu imaginación, tus aptitudes, tu creatividad florece en ellas, por eso debes alimentarlas para que crezcan.

Aprender es un invalorable regalo. Si la mente permanece abierta y receptiva puede asimilar y comprender conceptos e imágenes mentales de una manera que te sorprenderá. La capacidad de aprender y la apertura de la mente nos pertenece a todos. Todo el mundo tiene la capacidad de aprender, asimilar y sentir la confianza que fluye al conocer un tema, al sentirse a gusto con lo que estás aprendiendo, con lo que estás haciendo.

Trata tu mente como si fuera un jardín que no sólo tiene muchos árboles y bellas flores, sino también muchos animales, pájaros, fauna y flora, lagos y ríos. Alimenta la mente, nútrela, cuídala y observa cómo crece...

La pantalla

LA CALIDEZ de los rayos del sol acaricia tu cuerpo y te hace sentir bien contigo mismo. Los rayos penetran hasta el fondo de tu ser, entrando en tu mente y en tu cuerpo. En tu jardín la suave brisa agita las frondosas ramas de los numerosos árboles que bordean el sendero que recorres, y el perfume de las magnolias se difunde por los arbustos, mezclándose con la fragancia del jardín de rosas cercano.

Algunas matas empiezan a florecer mientras que otras se arraciman, sus variados tonos verdes se complementan entre sí.

Cerca del lugar crecen violetas y pensamientos, y el ciervo ha venido a saborear la suave hierba. Puedes oír el sonido del agua y al acercarte a él descubres una pequeña abertura entre los arbustos que te hace sentir deseos de explorarla.

Aparta los arbustos y verás que acabas de entrar en un lugar de tu jardín que parece particularmente mágico, lleno de florecillas de todos colores y rodeado de grandes árboles. Cerca hay una cascada, que salpica el aire de agua cuyas gotas reflejan la luz del sol, inundando el espacio de piedras preciosas de variado colorido o de cristales esparcidos.

Cerca hay un asiento tallado en la roca viva y si decides sentarte en él aparecerá ante ti una pantalla que te mostrará las numerosas carreras que puedes elegir. Siéntate cómodamente, envía el pensamiento de lo que te gustaría hacer en el futuro y aparecerá en la pantalla. Cuando quieras cambiarlo piensa en otra elección.

Quizá desees hacer la carrera de medicina. La pantalla se iluminará y te mostrará todo el proceso de estudio que deberás seguir para alcanzar tu objetivo. Después te enseñará lo que sentirás más tarde al trabajar en un hospital o incluso en tu centro médico privado. Las imágenes pueden transportarte a un futuro todavía más lejano y enseñarte los descubrimientos que se llevarán a cabo y algunas enfermedades que habrán sido erradicadas por completo.

Piensa que deseas ser arqueólogo y la pantalla te mostrará lo que necesitas para estudiar esta profesión. Te llevará también a varias excavaciones de distintas partes del mundo para revelarte tumbas y ciudades que aún no se han descubierto.

La pantalla te mostrará la profesión de la abogacía con todo lo que se aprende, y cómo los fiscales y abogados llevan sus pleitos mientras el juez toma sabias decisiones. Quizá te veas aprendiendo todo lo que es necesario aprender, triunfando y tal vez llegando a ser un juez.

También puedes plantearte la posibilidad de ser un chef de cocina. La pantalla captará tus pensamientos y te mostrará la mejor forma de alcanzar tu deseo. Te enseñará además recetas de cocina y cómo presentar los platos de nuevas formas imaginativas y creativas.

Quizá te guste el sector textil y el color. La pantalla te mostrará la mejor forma de usar estas aptitudes con imaginación y estilo.

Puede que desees convertirte en conductor de trenes, policía, secretaria, minero, enfermera, escritor, artista, cuidador de ancianos, niñera, azafata o piloto. Puedes elegir entre muchas cosas. Investiga todas las posibilidades que puedas. La pantalla reflejará cualquier profesión que desees hacer, para que puedas verte realizando, de la manera correcta, las obligaciones de cada vocación.

Siempre que desees ver en qué trabajarás en el futuro, entra en esta parte mágica de tu jardín para ver las ventajas de la profesión que planeas seguir.

Proyéctate a ti mismo en la pantalla y deja que te muestre para qué profesión estás más dotado. Te sorprenderá ver lo que aparece...

Las puertas de las elecciones

EL SOL es de un cálido e intenso amarillo dorado y derrama su luz sobre los árboles salpicando la tierra de sombras, sus dulces rayos te envuelven como si fueran un manto. El cielo es azul brillante y refleja la luz del sol en todas las áreas de tu jardín, permitiéndote verlo todo. Incluso las sombras reflejan la luz, y las plantas pequeñas pueden beneficiarse de la calidez del sol, cuya dulzura les ayuda a crecer.

Los árboles se elevan altos y erguidos, como si quisieran tocar el cielo, y sus verdes hojas relucen bajo el sol. Algunos de los arbustos han florecido y varios bichitos duermen a sus pies. Las blancas azucenas muestran sus caras y los magnolios esparcen su delicioso perfume que flota por el jardín.

El sendero que recorres te conduce a través de los árboles hasta un bello lago. El agua brilla bajo la luz del sol, y un gran número de peces de colores nadan satisfechos bajo la superficie del agua. Patos y cisnes se deslizan grácilmente por el agua llenando el aire con sus graznidos.

Cerca del lugar un gran edificio reluce bajo el sol. Está situado entre los arbustos y los árboles, rodeado de flores de todas clases y colores. No parece estar construido de ladrillos, piedra ni cristal. Refleja todo cuanto hay en los alrededores y es multifacético, como un diamante. Al observarlo parece que predominen varios colores, pero al acercarte y rodearlo, descubres que cambia de tonos.

La entrada está abierta y el edificio entero parece estar lleno de luz. ¿Por qué no entras en él? Advierte cómo subes la escalera que conduce a la entrada principal. Entra en el vestíbulo y contempla las diversas estatuas y símbolos con los que está decorado. Del vestíbulo nacen varios pasillos y cada uno tiene muchas puertas.

Son las puertas de las elecciones. Sigue el corredor que has elegido y observa las puertas atentamente. Cada una de ellas, aunque sea de cristal y luz, es distinta a las demás. Cada una tiene una inscripción que sólo tú puedes comprender. Al mirarlas verás que las inscripciones se iluminan con una intensidad que no habías visto antes. Te indica que es la puerta que debes abrir, entra sin vacilar.

Cada puerta te abre la entrada a algo especial para ti en tu vida. Cada puerta te ofrece la elección que necesitas efectuar. Algunas pueden estar relacionadas con el trabajo o el estudio, con la salud o con tener una vida plena, tal vez tengan que ver con tu deseo de viajar o de triunfar en el campo que hayas elegido.

Abre la primera puerta que te ha atraído y entra en la habitación. Sólo tú tienes la llave de lo que puedes encontrar. Sólo tú puede retener el conocimiento que se encuentra en ella y desarrollarlo. Sólo tú puedes vivir esas experiencias. Quizá encuentres en cada habitación a una persona que conozca tu campo y sea experta en él. Si es así, no dudes en preguntarle lo que necesitas saber para encontrar tu camino.

Las puertas que te están destinadas se iluminarán ahora desde dentro haciendo brillar sus inscripciones. Las puertas que permanecen a oscuras se iluminarán para ti cuando sea el momento adecuado de abrirlas.

No te limites a abrir sólo una puerta. Abre las que te estén destinadas, sabiendo que puedes regresar en cualquier momento para abrir las otras...

Aprobando los exámenes

TU JARDÍN es muuuy silencioso, incluso los árboles parecen permanecer en silencio sin mover ni una hoja. El verde de los árboles y de la hierba es exuberante, y todo el jardín está sembrado de brillantes flores azules, amarillas y púrpuras, complementando las ocasionales flores rosas y malvas que crecen cerca del lugar.

Los animales aguardan en silencio, con las orejas levantadas, y los pequeños conejos grises se han quedado inmóviles para escuchar. Aguza tus oídos ¿qué es lo que oyes? Parece ser que el abuelo árbol agita sus ramas para darte la bienvenida y decirte que le gustaría que te sentaras a sus pies. Siéntate y percibe cómo el calor de la tierra penetra en tu cuerpo. Apoya la espalda contra su espeso y firme tronco hasta que estés cómodo en la corteza como si se hubiera transformado en un almohadón que sostiene tu columna.

El abuelo árbol sabe que hoy es el día del examen. También sabe que necesitas sentirte relajado y a gusto contigo mismo para alcanzar tu meta, para lograr los resultados deseados.

Descansa la cabeza en la corteza y siente cómo tu mente se llena de paz. Siente que la paz y serenidad de este viejo árbol entra en tu cuerpo, ayudándote a sintonizarte con tu resolución, tu sentido interior y tu destino. Tu mente se volverá cada vez más clara, apartando todas las dudas, temores e inseguridades mientras te apoyas contra su poderoso tronco, sabiendo que este vetusto árbol ha vivido durante siglos venciendo las dificultades y acumulando sabiduría. Sé fuerte como el árbol y tú también podrás vencer los obstáculos y crecer, sin aceptar nunca una derrota.

Observa los temas del examen y expónlos con claridad en tu mente, inundándolos de claridad y luz. Siente decisión y determinación, y la seguridad de que aprobarás, que cumplirás tus deseos, que tu decisión es tal que no puedes suspender.

Percibe ante ti cada uno de los temas, tensa tu arco y envía una flecha a la diana de cada tema. Escucha el conocimiento que te transmite este viejo árbol y el consejo de que no hay nada que no puedas lograr si te lo propones con firmeza.

Ahora que has conectado con tu fuerza interior y decisión, ahora que has reconocido que no tienes miedo, que aprobarás el examen, despídete del viejo árbol y acude al aula donde el examen tendrá lugar.

Imagina que entras en el edificio, sintiéndote bien contigo mismo, sabiendo en tu corazón que has hecho de antemano todo lo posible para alcanzar el mejor resultado.

Siéntate ante el pupitre que te corresponde, siente tu corazón lleno de serenidad, tu sistema claro, y tu mente aguda, alerta y lúcida. Mira el reloj en la pared y confía en que no tendrás ninguna dificultad en rellenar la hoja de las preguntas con facilidad y en el tiempo requerido. Mira a tu alrededor y siente que tu confianza se difunde hacia los demás, ayudándoles a confiar en ellos mismos como si también hubieran permanecido al pie del abuelo árbol...

Vencer los obstáculos

Los obstáculos siempre aparecen en algún momento de nuestra vida. Nadie es inmune a ellos. Pero aprendemos y crecemos al superarlos. Una de las principales lecciones es observar nuestras dificultades y aprender a vencerlas. ¿Por qué están ahí? ¿Cómo debo considerarlas? ¿Qué puedo hacer?

La montaña y las cuevas te permite subir a un lugar aún más elevado que antes, conquistando el miedo. Exploras las cuevas de una montaña, cada una de ellas representa quizá un temor, una oportunidad o un logro.

Rugir como un león trata sobre volverse poderoso, ser capaz de vencer la adversidad, mientras que **Los elementos** te enseña a mantenerte fuerte frente a la adversidad, sabiendo que puedes superar las dificultades.

Los espejos reflejan una imagen distinta de ti mismo en una serie de espejos, ofreciéndote una nueva perspectiva de ti mismo.

En mi libro *El jardín interior*, la meditación «La tortuga» te indica que debes participar en tu propia carrera y saber que todo el mundo tarde o temprano acaba llegando a la meta. «El padre tiempo» te transporta al pasado, al presente y al futuro para que puedas ver con claridad aquello que necesitas. «La montaña» te da una perspectiva totalmente distinta de cómo vencer los obstáculos observando cómo algo muy grande se vuelve más pequeño que tú.

La montaña y las cuevas

PUEDES SENTIR la paz y armonía de tu jardín. El sol es una enorme esfera dorada y el cielo de un azul cristalino matizado de púrpura, con jirones de nubes deslizándose en él. La hierba es suave bajo tus pies y vuelve a brotar mientras avanzas. Las flores crecen altas y erguidas, sus vibrantes colores buscan la luz del sol, y las abejas revolotean de flor en flor recolectando el polen.

Los árboles se susurran entre sí y parecen señalarte las montañas a lo lejos. Las montañas se elevan serenas cincelando su contorno contra el fondo del cielo azul, sus blancas cumbres retienen pequeñas nubes que flotan en los alrededores. Desde donde estás puedes entrever un edificio de cristal que se oculta cerca de la cima de la montaña. ¿Por qué no vas a explorarlo?

No parece difícil llegar hasta el pie de las montañas. Puedes ir andando o deseándolo con tu mente. Las montañas se elevan altas y serenas, ahora sus cumbres desaparecen en las nubes que parecen más densas que antes. A medida que subes cada vez más, ves que los senderos están cubiertos de nieve y que pequeñas criaturas sacan sus hocicos para ver quién anda por allí. Unas pocas flores silvestres crecen en las grietas, sobreviviendo de la luz del sol y de la humedad de la nieve.

Subes la cuesta con constancia y facilidad, tus pies encuentran los puntos de apoyo sin esfuerzo. Tu ropa ha cambiado y ahora notas que el descenso de la temperatura no te afecta. Te sientes tan a gusto como cuando entraste en tu jardín.

Mira más a lo alto aun y quizá veas pequeñas cabras monteses saltando con soltura de roca en roca sin sentir vértigo. Ahora puedes moverte con tanta destreza como ellas, tus pies se apoyan en el saliente adecuado, en la roca adecuada, en la mata adecuada para ayudarte a seguir tu sendero hasta la cima.

Sigue ascendiendo todavía más, sabiendo que cuanto más alto llegues, más libre te sentirás con relación a tus pensamientos y actitudes.

Al llegar a lo alto ves unas cuevas que puedes explorar si lo

deseas. En tu bolsillo encontrarás una pequeña linterna para poder investigar su interior. Algunas de estas cuevas pueden representar tus miedos, y otras tus logros. Como has tenido el valor de escalar la montaña, descubrirás que muchos de tus miedos han desaparecido. Quizá había cosas que deseabas pero que el miedo te impedía alcanzar. Ahora nada te lo impide, las limitaciones y los miedos ya no te afectan. Entra en las cuevas que representan tus miedos, afróntalos y deja que se disuelvan. Cada vez te resultará más fácil de hacer, porque ahora has tenido el valor de escalar tu montaña personal. Después entra en las cuevas que te muestran tus logros y siéntete orgulloso de lo que encuentres allí. También hay cuevas que te muestran cómo alcanzar tus futuros deseos. Entra en ellas y averigua qué guardan para ti.

Cuando hayas visitado las cuevas tal vez desees continuar tu excursión, llegando incluso hasta aquel bello edificio de cristal que ahora ocultan las nubes que envuelven la cima de la montaña.

Sigue avanzando, siente que puedes saltar sobre las rocas, que cada vez tienes más fuerza, hasta que llegues a la entrada de cristal. Este edificio representa todas las cosas bellas que deseas alcanzar o convertirte en tu vida. Ten la seguridad que puedes alcanzarlas, que puedes ser la persona que te propongas, que nada es imposible, que eres capaz de escalar cualquier altura...

Rugir como un león

CUANDO ENTRAS ves que tu jardín refulge inundado por la luz dorada que irradia el sol fundido, acariciando ramas y arbustos, alimentando cada flor. El cielo es de color añil y las nubecillas están esparcidas. Las flores agitan sus corolas creando un arco iris de colores, enviando su delicioso perfume hacia ti.

Muchos animales se acercan para recibirte y te siguen mientras te adentras en tu jardín. Extiende la mano y tócalos; siente su pelo, el calor de su piel, la pelusilla del pecho. Quizá nunca hayas visto a algunos de ellos, pero no debes tener miedo ni siquiera del más grande o el más fiero. Cada criatura de tu especial jardín vive en armonía con las otras, sin temerlas. Los leones y los tigres son compatibles con el reno y los monos, y los loros de llamativos colores se sienten igual de cómodos posándose sobre el lomo de los animales que en las ramas de los alrededores.

Un león se acerca más a ti que los otros. ¿Por qué no pones tu mano sobre su cuello y dejas que te lleve a una parte más profunda de tu jardín que desconoces? Este león es muy viejo y sabio. Ha visto y ha vivido experiencias difíciles, y siempre ha logrado sobrevivir.

Te conduce hasta un foso en el que cayó mientras cazaba para enseñarte cómo consiguió salir de él. Siente que te vuelves uno con el león, que tienes su piel, su pelaje, su abundante melena, y te descubrirás dando vueltas impaciente como hizo el león cuando quedó atrapado en las profundidades de ese foso. Serénate, siente cómo tus músculos se tensan y salta hacia el borde de la entrada. Percibe cómo la tierra se desliza debajo de ti mientras intentas saltar sobre ella con tus garras sin conseguirlo. Vuelve a caer en la oscuridad del foso. Agazápate de nuevo listo para saltar y contempla el cielo y los árboles. Vuelve a observar el contorno de la salida del foso y después, impulsándote con la tensión de los músculos, siente cómo tus enormes garras chocan con un golpe seco contra la tierra mientras saltas hacia arriba, aterrizando con destreza en la entrada del foso.

Quizá tú también, como el león, debas afrontar dificultades pero no necesitas aceptar que tu vida deba ser difícil. Igual que el león, siente cómo tu orgullo crece para vencer la adversidad, sin aceptar la primera, ni incluso la segunda o la tercera derrota, sabiendo que tienes la capacidad de triunfar y que no necesitas aceptar el fracaso.

El león ahora te conduce a un alto precipicio desde el que se domina todo el paisaje, allí no hay nada que él no pueda ver o comprender. Quédate a su lado y siente la experiencia del espacio, de la fuerza interior, de ser capaz de lograr algo, de triunfar, y ruge como un león. Hazlo con todas tus fuerzas, siente cuán profundo y potente es tu rugido, siente el poder que tienes en tu interior e, igual que el león, haz que todos sepan que has triunfado y que no tienes miedo...

Los elementos

AL ENTRAR en tu jardín el cielo es de un azul intenso y el sol dorado se halla en lo alto del cielo calentando la tierra y todas sus criaturas. Pequeños vestigios de nubes forman dibujos al moverse por el cielo. Mira a tu alrededor y verás los árboles y las plantas que comparten felizmente la misma tierra con las flores y los animales. Sientes la suavidad del aire que acaricia tus mejillas y la calidez del sol en tu cuerpo. Las ramas de los grandes árboles de tu jardín se inclinan moviendo sus ramas al sentir que la brisa agita suavemente sus hojas.

A lo lejos ves unas gaviotas que planean en círculos. ¿Por qué no las sigues? El sendero que tienes ante ti serpentea por la suave hierba cubierta de rocío llevándote a una colina que no es difícil de subir. Al acercarte a la cima, sientes la ligera brisa contra tu cuerpo. A cada paso la brisa se vuelve más intensa. Sigue hasta llegar a la cima de la colina, y desde allí contempla la playa dorada que se extiende a tus pies, con la arena que reluce bajo el sol y los pájaros emitiendo suaves sonidos como si susurrasen entre sí.

Desde este lugar y en cualquier dirección que mires puedes ver extensiones kilométricas. El mar se extiende a lo lejos bordeado por la gran extensión de arena. Si observas atentamente tal vez veas en ella diminutos cangrejos que se abren paso entre los calientes granos dorados mientras el agua bate suavemente contra la orilla. De vez en cuando en la lejanía aparece un barco que se recorta contra el horizonte, y algunas veces puede verse una ballena.

Siente cómo la brisa se vuelve cada vez más fuerte a medida que te acercas al borde del acantilado. Ahora se ha transformado en un fuerte vendaval, como si los cuatro vientos se hubieran unido para encontrarse donde tú estás. Contempla cómo el océano se cubre de olas coronadas de espuma mientras el viento sopla con violencia a través del agua arrastrando la arena por el aire hacia todas direcciones.

El viento te golpea, intentando apartarte del lugar o hacerte regresar al pie de la colina. El cielo que antes era tan bello y azul ahora se ha vuelto grisáceo y de las nubes que se han formado en él cae una fuerte lluvia. Siente en tu interior la fuerza para soportar el viento y los elementos. Abréles tus brazos y tu corazón. Siente que te vuelves uno con el universo, con los vientos, con el mar, con las nubes, con la lluvia. Percibe que ganas fuerza e impulso, que tienes autocontrol, sabiendo que puedes triunfar y vencer, sabiendo que nada puede impedirte lo que deseas alcanzar. Siente el deseo de triunfar, experiméntalo como si fuera un fuego dentro de tu alma.

Proclama ante el universo, de manera que pueda oírlo todo el mundo, que eres invencible, indomable, que nadie puede humillarte, que tus capacidades te serán muy útiles a lo largo de toda tu vida.

Y ahora ves que el sol sale entre las nubes y el cielo adquiere de nuevo un bello color azul, pero es más claro y transparente. El mar se ha calmado, las gaviotas se sumergen en sus serenas aguas, y los cangrejos regresan de nuevo a sus labores en la arena dorada.

Todos los elementos se han manifestado y tú has afrontado su energía y fuerza y las has sabido dominar. Tienes la fuerza interior para saber qué deseas alcanzar, qué necesitas realizar, y debes permitirte hacerlo...

Los espejos

SIENTE EL frescor del aire que te rodea acariciando tu piel y alborotando tu pelo como si unos delicados dedos te lo movieran. Los altos árboles se inclinan ligeramente bajo la brisa que agita sus ramas, y el perfume de las rosas te envuelve. La verde hierba bajo tus pies es tan suave como el terciopelo y los dragones con sus brillantes colores resaltan en el verdor de los arbustos.

Mientras sigues el sendero que se adentra en tu jardín, puedes sentir la paz y serenidad que emana como si vinieran a recibirte. Siente que las absorbes y que ello te hace sentir muy bien. Incluso el aire que respiras limpia todo tu ser y tu cuerpo, haciendo que te sientas vital, vivo y lleno de bienestar.

¿Puedes escuchar el rumor del agua al caer? Sigue el sonido y llegarás junto a una pequeña cascada que salpica con fuerza el aire de gotas de agua, que al reflejar la luz del sol, parecen diminutas piedras preciosas a punto de caer en la tierra. En la cañada de las proximidades viven unas bellísimas hadas que bailan al son de la música de violines, sus hermosas alas brillan bajo la calidez del sol. Las hadas te dan la bienvenida porque quieren mostrarte algo muy especial, algo que sólo es para ti.

Cerca del lugar ves una pequeña roca tallada en forma de un cómodo sillón. A las hadas les gustaría que te sentaras en él mientras colocan delante de ti una serie de espejos. Cada uno de ellos está decorado con un pesado marco de plata con intrincados dibujos. Varias hadas los colocan de distintas formas para que puedas verte desde cualquier ángulo.

Mírate en el que tienes justo delante de ti. Me pregunto qué verás. Como es natural ves tu apariencia física, la forma de tu cabeza, la inclinación de tus hombros y los mechones de tu pelo que la brisa levanta.

Observa cada vez con más detenimiento la imagen del espejo y descubrirás un aspecto más profundo de ti mismo que antes no habías notado. Siente como si entraras dentro del espejo, como si penetraras en tu ser. Las imágenes que ves reflejan la cambiante esencia de quién eres. Quizá veas la imagen de la persona capaz y completa que los demás creen que eres, o el «tú» que nadie más puede ver y que se oculta dentro de ti. ¿Por qué no dejas que el espejo refleje lo que deseas ser? A veces nos cuesta vernos como en realidad somos porque estamos coloreados por las percepciones de los demás.

¿Por qué ahora no te miras en los espejos colocados en ángulos distintos para ver otras imagenes de ti mismo?

Quédate junto a la cascada, sentado en la roca, sintiendo el calor del sol en tu cuerpo. Observa cómo el sol no sólo calienta tu cuerpo sino que también penetra en todo tu ser, que necesita luz y calor.

Los espejos te ayudarán a ver la parte más profunda de tu ser, a llegar a áreas que nunca habías explorado. Mientras estás sentado en este lugar puedes sentir los cambios que están empezando a suceder dentro de ti, cambios que eran necesarios si querías sentirte más completo, más seguro, más capaz. Este espejo te reflejará no sólo la imagen de quién eres ahora, sino además la persona que serás y lo que podrás llegar a ser...

La perspectiva

Estas meditaciones te ayudarán a realizar aquello que necesitas en tu vida y a aprender a afrontar tus necesidades de un modo distinto.

El camino hacia el éxito te permite ver tanto el camino negativo como el positivo y trabajar con ambos.

La clara visión y la nitidez de los objetivos te permite ver las metas y los objetivos de tu vida con mayor transparencia.

Fijarse unas metas te enseña a ver tus metas, enumerarlas y alcanzarlas.

La sabiduría universal te indica que el universo te sustentará y que está ahí para que puedas conectar con su energía.

El conjunto de tus opiniones son muy importantes: qué opinas de ti mismo, qué cualidades tienes, y cómo a veces tus opiniones pueden cambiar.

El camino hacia el éxito

SIENTE EL frescor del aire que te rodea, la suave brisa que te alborota delicadamente el pelo y toca tu piel. El sol brilla, irradiando sus rayos de luz en el lugar en que ahora estás para que puedas sentir no sólo su calor, sino también su fuerza.

Mientras recorres el sendero de tu jardín descubres que se bifurca en dos caminos, ofreciéndote la oportunidad de elegir el que quieras para explorarlo.

El sol ilumina intensamente un camino, mientras que el otro tiene muy poca luz. Quizá primero debas explorar este último por poco tiempo, porque lo cierto es que es el camino de la negatividad.

Este camino representa no conseguir lo que deseas en la vida. A veces quizá sientas la tentación de tomarlo porque parece ser más fácil de seguir. Tal vez en un determinado momento necesites recorrerlo para evaluar lo que contiene. También puedes descubrir que el miedo te impulsa a tomar este camino, el miedo a ser incapaz de alcanzar algo, incapaz de triunfar, incapaz de sentirte bien contigo mismo.

El camino positivo, iluminado por el sol, te permite compararlo con el negativo. Te muestra lo que puedes alcanzar, a pesar de tu inseguridad y del temor al fracaso. Déjate sentirte libre, libre de seguir el camino iluminado por la luz del sol, libre de sentir que quieres bailar, dar vueltas, saltar.

Percibe que estos dos aspectos de ti se encuentran por primera vez, y que la luz penetra en el sombrío y negativo aspecto para calentarlo, darle la bienvenida, y hacer que se vuelva positivo. Saca a la luz tu parte solitaria, tímida, incomprendida, y siente el calor del sol animándote, bendiciéndote, amándote, y cómo tu parte positiva reluce bajo esta luz mientras vence la negatividad que te rodeaba.

Ahora percibe cómo estos dos aspectos de ti se unen, trabajando en perfecta cooperación, como si fueran sólo uno. Ahora tus cualidades y defectos trabajan unidos, con armonía y amor...

La clara visión y la nitidez de los objetivos

AL ENTRAR en tu jardín sientes que el aire es fresco, vigorizante y limpio, y en lo alto el cielo tiene un delicado color azul. Las pequeñas y tenues nubes dejan a su paso una estela en el cielo, como si quisieran componer unos dibujos que nunca antes habían creado.

Tu abuelo árbol te llama para que vengas porque quiere darte un regalo. Al detenerte ante él una de sus ramas se inclina para ofrecerte unas gafas, nunca habías visto nada parecido. Son las gafas de la clara visión y la nitidez.

Abre tus ojos y concéntrate en el futuro, en tu destino.

Permanece en medio del claro, cerca del abuelo árbol, y siente cómo tu cuerpo va dando vueltas y más vueltas. Al girar, el paisaje cambia. Cuando miras en una dirección, ves las montañas a lo lejos, en otra la orilla del mar, en otra ciudades, y en otra escenas rurales. Pero al observar el panorama hay algunas cosas que no percibes con claridad.

Quizá veas algo entre las montañas o alrededor de ellas que antes no habías notado. Ponte las gafas especiales, te permitirán verlo todo con más claridad que nunca. Ahora te das cuenta de que eres capaz de percibir pequeños detalles que te habían pasado por alto. Puedes ver un riachuelo que fluye cerca del pie de la montaña y la arboleda en la cima de la colina.

Sigue girando con las gafas puestas para verlo todo con claridad. Descubrirás que hay muchas cosas que antes no habías visto o que no habías sido capaz de asimilar.

Regresa junto al abuelo árbol y siéntate con la espalda apoyada en su tronco. Ahora puedes utilizar las gafas para explorar tu interior, fijándote en lo que es importante para ti. Advertirás que muchos asuntos que antes te resultaban confusos ahora se vuelven cada vez más claros al tener una visión más transparente. Descubres que hay otras maneras de observar dentro de ti y tu visión interior también se vuelve cada vez más clara.

Tus metas y objetivos en la vida son más evidentes que antes. Algunos los tienes delante de ti, deseando que los reconozcas. En tu inconsciente los has aceptado, por eso al meditar han aflorado; pero ahora deja que tu mente consciente los acepte.

Tu visión interior y la claridad se vuelven una sola cosa, aquello que ambicionas y te propones en la vida se hace más evidente, y sientes que dentro de ti crece una fuerza interior que te ayudará a realizarlo. Ahora lo ves todo con claridad y has alcanzado la nitidez de los objetivos que habías estado buscando...

Fijarse unas metas

AL ENTRAR en tu jardín sientes que tienes fuerza interior y unos objetivos. En el intenso cielo azul flotan jirones de nubes y el sol se destaca dirigiendo su potente luz donde tu estás. Sus rayos caen sobre los árboles, y los pájaros anidan en sus ramas.

Quédate en este lugar durante un rato y deja que el calor del sol entre en tu cuerpo, alegrando tu espíritu, tocando tu mente, ayudándote a saber aquello que deseas hacer en el futuro. Siente que tu ser se expande y acepta que puedes llegar a realizar todo cuanto desees si te fijas unas metas y te imaginas que las alcanzas.

Si has tenido que conocer las metas, objetivos y ambiciones que te habías fijado para el futuro, ha sido para que no desperdicies ninguna oportunidad de alcanzarlas. Quizá algunas metas sean para un lejano futuro o tengas que posponerlas más aún, pero tu objetivo es realizarlas, alcanzarlas, y no hay ninguna razón que te impida hacerlo.

Enumera todas las metas fijadas y las que has planeado marcarte e imagina que las alcanzas. Debes verte realizándolas una a una. Apunta con el arco y la flecha, y después percibe y escucha cómo la flecha silba por el aire dando de lleno en la diana.

Si te lo permites puedes lograr cualquier cosa. Te marcas tu blanco y escribes tu meta o lo que quieras alcanzar en la punta de la flecha, y después la lanzas, sabiendo que la flecha dará en el blanco.

Todavía te queda un largo camino y tus medios y puntos de vista son importantes. Piensa de antemano qué es lo que quieres en la vida y la mejor forma de alcanzarlo. Intenta verte al cabo de algunos años, habiendo triunfado en lo que has planeado y fijado.

Mientras te fijas tus metas siente que te expandes, sabiendo que no tienes por qué limitarte. Tienes infinitas posibilidades...

La sabiduría universal

HAY PEQUEÑOS jirones de nubes flotando en el cielo azul celeste y los rayos del sol se proyectan intensamente en el lugar en que estás de tu jardín. Los numerosos animales que viven en él están tumbados, disfrutando del sol, gozando de sentir el calor en su pelaje. El aroma de las gardenias se difunde por el aire, mezclándose con la fragancia de las otras flores. En las ramas de los árboles hay loros de vivos colores, y el ruiseñor canta una bella canción que reverbera por todo tu jardín.

Mientras recorres el sendero que se extiende ante ti sientes paz y serenidad. La hierba es fresca bajo tus pies y las hojas del suelo crean una alfombra para ti.

Tienes la sensación de que el universo nunca cambia, de que es un todo, y que está allí para que conectes con él. Tal vez tengas necesidades que no han sido colmadas. Si conectas con la energía universal, descubrirás que el universo te concederá lo que deseas.

Hay muchas formas de atraer esta energía universal y cada uno de nosotros debe descubrir la manera o la imagen que le sirve más para ello.

Puedes ver el universo como si fuera un ordenador gigantesco y que al entrar en los programas correctos, puedes sentir cómo funciona el universo. Si es así, puedes ver ante ti una enorme pantalla que te muestra lo que hay en el universo y en sus alrededores. Pulsa el botón rojo, acomódate en la silla que hay frente a la pantalla y observa qué aparece en ella.

Quizá veas el universo como otros mundos, otras estrellas, otros planetas, que se conectan con el nuestro y tienen su propio conocimiento y sabiduría.

O acaso lo veas como nuestro mundo girando dentro de otros mundos, cuyo conocimiento e ideas fluyen a su alrededor esperando a que llegue la persona adecuada para absorber este conocimiento e ideas y trabajarlos.

El conocimiento y las ideas universales son para todos. El universo te sustentará, siente que eres uno con él.

Conecta con el poder más elevado, con la energía más elevada, y descubre cómo funciona para ti. Piensa cuál de tus ideas no se ha cumplido —quizá deseas escribir un libro, alcanzar tus metas, cambiar tu manera de ser— y entrega estas ideas al universo, conéctalas con su energía. Y ahora averigua cómo puedes hacer que esos sueños, esos pensamientos y esos deseos se cumplan...

El conjunto de tus opiniones

DELANTE DE TI hay el árbol más bello que jamás hayas visto. Es alto y derecho, con espesas ramas, y sus hojas de un verde intenso relucen bajo la luz que llega del luminoso sol en lo alto.

Cada rama representa un área de tu vida y tus opiniones. Cada hoja de esta rama representa cómo las has ido trabajando o cambiando. Quizá descubras al observar el árbol, sus ramas y sus hojas, que algunas hojas verdes se han vuelto marrones y han empezado a caer, o que ya han envejecido y marchitado y yacen al pie del árbol para alimentar la tierra y sus raíces.

Siente que creces con el árbol, siente la fuerza que surge de tus firmes raíces que constantemente son alimentadas. Nada se pierde para siempre. Cada idea que has tenido, aunque la hayas utilizado o desechado, te ha conducido donde ahora estás y te ha convertido en la persona que eres. Las ideas fluyen como la marea. Algunas se quedan en la orilla y otras regresan al mar para reponerse y volver más fuertes que nunca.

Una rama representa lo que sientes sobre tus propias cualidades, y otra tu conjunto de valores. Y hay otras que se relacionan con tu bondad, tus pensamientos y con los sentimientos que tienes hacia los demás.

El árbol te representa a ti, con un firme tronco y una firme idea de quién eres, tus raíces se arraigan cada vez a mayor profundidad en la tierra a medida que vas creciendo, elevándote hacia el cielo y la luz que contempla tu crecimiento.

Siente tu fuerza y sé consciente de que cada nueva hoja que nace te muestra lo que has aprendido, cada robusta rama te muestra tu conocimiento y experiencia.

El conjunto de las opiniones cambian con el paso de los años y te darás cuenta de que las opiniones que tenías en tu infancia ya no te sirven. De modo que las cambiarás porque necesitas cambiar. Aceptamos las ideas y los puntos de vista de los demás como si fueran los nuestros hasta que descubrimos que tenemos la capacidad de gozar de nuestras propias ideas, puntos de vista y opiniones.

Deja que el conjunto de tus opiniones sea abierto, flexible, libre...